熊野英一
Eiichi Kumano
（株式会社子育て支援 代表取締役）

アドラー式
働き方改革

仕事も家庭も充実させたいパパのための本

発売　小学館
発行　小学館クリエイティブ

序章

パパにおすすめしたい アドラー式働き方改革

パパであること、子育てすべき環境であることをチャンスと捉え、職場と家庭の両方で「アドラー式働き方改革」に取り組んでみましょう。もちろん、ワーキング・マザーにもおすすめです。

「アドラー式働き方改革」を3つの視点で定義する

「ウチも今月から、働き方改革を始めます。手始めに、残業禁止！」

現状を無視した残業時間の削減で、18時になったらオフィスから強制退去。しかし、イライラしているヨメや懐かない子どもがいる家には帰る気になれない、「勇気をくじかれた」パパたちはどうしているのでしょうか。飲み屋街をさまよってみたり、はたまた、電源とWi-Fi（ワイファイ）完備のカフェを「第2のオフィス」として、仕事の続きに没頭したり。笑うに笑えないような「働き方改革の現実」が、そこにはあるかもしれません。

この本は、そんな勇気をくじかれたパパをひとりでも減らし、「仕事も家庭も充実させたい！」と思っているパパに、その願いを叶《かな》える「勇気」を与えるために生まれました。

もちろん、そんな状況が実現してほしいと願うママを勇気づける本でもあります。

少子高齢化が止まらずに人口が減り続けると、労働力が減少し、経済規模が縮小します。そうすると国民の生活水準は低下し、国内外から日本経済の持続可能性が疑われ、ますます経済が悪化していく、という悪循環から抜け出すことができなくなります。国はこの状況に歯止めをかけ、好循環へと転換していくために、「労働力の確保」を最重要課題に位置づけました。この課題解決の本丸が**「働き方改革」**というわけです。

「働き方改革関連法」が公布された2018年7月までの、国会やメディアでの議論を振り返ると、そもそもの「What（なにを目的とした改革なのかという前提）」の意思統一があいまいなまま、「How（どうやって働き方を改革するかという方法）」の議論に終始していたように思えます。長時間労働の削減、過労死の防止対策、労働生産性の向上、残業規制の見直し、ダイバーシティ（多様な人材の活用）や女性活躍の推進、高齢者雇用の促進、外国人労働者の受け入れなど、個別のテーマに関して、利害関係者がそれぞれの主張をぶつけ合うばかりで、全体を見据えた建設的な議論は少なかったのではないでしょうか。

わたしたちは「幸せになるため」に生きている

この本では、「働き方改革」を捉え直す3つの視点を提示していきます。

わたしは、ほんとうの「働き方改革」とは、「人としての『あり方』改革」であると考えています。「わたしたちは、そもそもなんのために生き、なんのために働いているのか」と、「What（生きる目的、働く目的）」を問い、意識し続けないと、ほんとうに有効な「How」を導き出せないと思うからです。

幸福学の研究で注目されている慶應義塾大学大学院の前野隆司《たかし》教授によると、日本の

GDP（国内総生産）は過去半世紀で約6倍になったのに、国民の生活満足度は1950年代からほぼ横ばいだそうです。また国連による「世界幸福度報告書2018」においても、日本は156か国中54位と、先進国のなかで際立って低い順位にあります。「What（幸せの増大）」に立ち返ることを怠り、「How（経済発展）」ばかり追い求めてきた結果が、数字で証明されているようです。

「経済的に豊かになっても、幸福度はさして増さなかった昭和の働き方」の延長線上にしかないのであれば、それは、わたしたちが望んでいる「改革」とは程遠いものになるでしょう。だからこそ、**ほんとうの「働き方改革」に必要な〈第1の視点〉は、幸せでありたいと願うわたしたちの、「人としての『あり方』に根ざした改革」だと思うのです。**

わたしたちは職場でも家庭でも、「幸せ」を求めている

さて、〈第1の視点〉から「働き方改革」を「わたしたちが幸せになるための改革」と捉え直してみれば、その改革は「職場と労働時間」だけでなく、「家庭も含めた生活全体」を議論の対象とすべきであることに気づくでしょう。

「ワーク・ライフ・バランス」ということばに、どこか違和感を覚える人もいるかもしれません。どちらか一方を重視したら、もう一方を犠牲にしなければならないような「ト

レードオフの関係」として仕事と家庭を捉えると、モヤッとしますね。現実には「寝る間も惜しんで没頭したい」と、仕事に夢中になるときもあるでしょうし、逆に、「今は、仕事よりも家庭が大切だ」と感じるときも、長い人生には何度かあるでしょう。

「ワーク・ライフ・バランス」のほんとうの意味は、片方を充実させれば、もう片方も充実するというように、仕事と家庭を「相互に補い合う関係」と捉えて、両者の調和を図ることです。「家庭が幸せだから、仕事にも張り合いが出る」「気分よく仕事をしているから、成果も出て稼ぎが増えて、家族も喜ぶ」というような好循環が成立するイメージです。

ほんとうの「働き方改革」を理解し実践するために必要な〈第2の視点〉は、「わたしたち日本人の『生き方』改革」と捉えることだと考えています。「職場と労働時間」だけではなく「家庭や個人の時間も含めた生活全体」を、不可分な一体としての「生き方」と捉え、**「職場でも家庭でも幸せになる改革」**を目ざすべきだと思うのです。

「幸せ」の増大には、自身のコミュニケーション・スタイルの改善が有効

本書を手にとってくださった読者のみなさんが、「職場でも家庭でも幸せになる改革」を実現するために、最も大切で、意外にも見落とされがちなものが、みなさん自身のコミュニケーション・スタイルの自覚と改善です。

本書では、**「わたしたち個々人の『コミュニケーション』改革」**を、ほんとうの**「働き方改革」**に必要な**〈第3の視点〉として取り上げます。**

コミュニケーションは「態度」と「技術」で構成されますが、本書ではとくに、「態度」に軸足を置きます。コミュニケーションの「技術」を頭で理解したところで、「態度」がともなわない限り、コミュニケーションの相手方との適切な関係は築けないからです。

コミュニケーションには、「わたしと、他者とのやり取り」だけでなく、「わたしと、自身の内面とのやり取り」も含まれます。**「自身の内面との対話と自己理解」が幸せを実現するための第一歩であること。**そのうえで、**職場でも家庭でも、より適切な人間関係が構築できるようになったときに、ほんとうの幸せを実感できること。**これらをお伝えするために、本書では、わたしの専門領域である**「アドラー心理学」**の知見をベースに、話を進めていきます。

結婚し、子どもを授かり、夫としてパパとして、どうあるべきか、どう生きたいか、どうやって幸せな家庭を築いていくのか——仕事に追われる毎日のなかで、多くの人が葛藤しています。この本では、そんな状況をむしろチャンスと捉え、**「子育てこそ、最高の自己啓発だ」**ということをお伝えしたいと思います。

本書は、２０１８年７月に刊行された『アドラー式子育て　家族を笑顔にしたいパパのための本』を第１弾として、シリーズ第２弾に相当するものです。第１弾では、妻や子どもとの関係においてお悩みを抱えた８人のパパを対象に、わたしが行ったカウンセリング内容を紹介しています。アドラー心理学の基本概念についても、初心者にわかりやすく解説していますので、興味のある人は第１弾も併せて読むことをおすすめします。

本書では、まず第１章で、「勇気づけ」「勇気くじき」というアドラー心理学に特徴的な概念を、漫画でわかりやすく解説していきます。**自分が「勇気づけ」「勇気くじき」のどちらを選択するかで、そのあとの展開がどれほど変わるか、体感できる**ことでしょう。

第２章では、わたしが「働き方改革」の実現をお手伝いしている企業で実施した研修内容と、研修２か月後のフォローアップの内容をつまびらかにしています。ともすると、小手先の方法論に終始しがちな「働き方改革」ですが、この企業は**「コミュニケーションの改善によって、職場でも家庭でも、一石二鳥でむだな時間を削減し、勇気と笑顔のあふれる、幸せで、生産性の高い時間を増やそう」**というゴールに向けた取り組みをスタートさせました。「幸せになるための働き方改革」を実現したい読者の参考になるはずです。

組織としての取り組みとは別に、「隗《かい》より始めよ」とばかりに、自己のコミュニケーション・スタイルの自覚と改善に取り組んだ、ひとりのパパのカウンセリングと実践報告を収録したのが第3章です。**組織ぐるみでなくても、だれもが、今すぐに「幸せになる生き方」の実現に向けて一歩を踏み出すことができる、**ということを証明してくれています。

第4章では、アドラー心理学にもとづくコミュニケーション改善の地道な取り組みを5年以上続けている組織の変化について、異なる階層に属する4人のインタビューを収録しました。**組織に属する個々人のコミュニケーション・スタイルの改善が、組織風土の変革に影響を及ぼし、さらには、顧客満足度の向上、社員の成長やストレス値の改善といった、経営にインパクトを与える結果にも結びついている**ことがよくわかります。

家庭でも職場でも使えるコミュニケーションの改善から始めること。職場だけでなく、家庭も含めた生活全体の幸福感を見据えた改革を実行すること。あまたある「働き方改革」に関する書籍とは、明らかに視点の異なる本になりました。読者のみなさんが本書を読み終えたとき、「よし、自分にもできることがある。まずは一歩を踏み出そう」と勇気づけられた気持ちになっていると信じています。

2018年8月

熊野英一

第1章

まずは自分と周りを「勇気づけ」しよう

「勇気づけ」「勇気くじき」というアドラー心理学に特徴的な概念を、漫画でわかりやすく解説します。自分が「勇気づけ」「勇気くじき」のどちらを選択するかで、そのあとの展開がどれほど変わるか、体感できることでしょう。

アドラー心理学の「勇気づけ」とは

「幸せになる生き方」を実現するためには、職場でも家庭でも、さまざまな課題を克服していくことが求められます。このときに必要になるのが、アドラー心理学の主要な考え方である**「勇気＝困難を克服する活力」**です。自分で自分を勇気づけ、課題に直面している他者を勇気づけられる態度と技術を身につけ、少しずつ実践していく――このプロセスの積み重ねの先に、笑顔と活力に満ち、幸せを実感できる職場や家庭があるのです。

たとえば、職場においては、

- 「報連相」がスムーズになる → 〝手戻り〟・トラブル対応が減る
- 保身のためのカッコつけが不要になる → 助け合うチームになれる
- アメとムチで人を動かさない → チームが感謝と信頼で自走し始める

家庭においては、

- 「……しなきゃ」の義務感 → 「……したい」の貢献感へ
- 主導権争いの夫婦げんか → 共感とリスペクト↓80ページにもとづく対話へ
- 子どもが言うことを聞かない → 子どもが自立的に動くようになる

精神科医で心理学者でもあるアルフレッド・アドラー（1870-1937）が創設したアドラー心理学は、日本では30年以上前から、おもに教育や子育ての世界で広がり始めました。ビジネスの世界では知られていなかったものの、ビジネスマンにもなじみ深いスティーブン・R・コヴィー博士の『7つの習慣』や、デール・カーネギーの『人を動かす』など、世界的な自己啓発書に多大な影響を与えたほか、コーチングやNLP（神経言語プログラミング）といったコミュニケーション・スキルの源泉にも、アドラー心理学の理論をかいま見ることができます。アドラーが、「自己啓発の父」ともいわれるゆえんです。

2013年末に発刊された『嫌われる勇気』と続編の『幸せになる勇気』（ともに岸見一郎、古賀史健著／ダイヤモンド社）が大ベストセラーとなり、アドラーの知名度が日本で飛躍的に上がりました。最近では、アドラーの考え方が最新の組織論とも非常に親和性が高いことから、さらに注目を集めるに至っています。

この章では、アドラー心理学の理論の根幹にある「勇気＝困難を克服する活力」について、家庭や職場のよくある場面で、あなたが**「勇気づけ」**を選択した場合と**「勇気くじき」**を選択した場合にどんなことが起こるのか、漫画でわかりやすく紹介していくことにしましょう。

Scene 1

自分を勇気づけよう

働き方改革という課題に立ち向かい、慣れ親しんだやり方から、新しい働き方を取り入れるには、勇気がいるでしょう。困難を克服する活力である勇気をもてるか、「どうせ……やっぱり……」と自分の勇気をくじき、元どおり変われないままでいるか。**選んでいるのは、ほかでもない自分自身であることを確認してみましょう。**

左の漫画で勇気づけを選んだあなたは、**「自己受容」**↓100ページを選んだことになります。ありのままの自分を受け入れ、不完全な自分を認める勇気をもてた、ということです。完全無欠な人はこの世にいません。むりにポジティブシンキングをする必要もありません。**あなたの存在を否定されたと考えず、単に、あなたの行為を改善すればいいのです。**

できていること、すでに確定している自分の**「存在価値」**↓98ページに注目することを忘れて、できていないこと、不完全なところに過度に注目して、自分を否定的にみるのが**「自己否定」**です。それにより「こんな自分だから、評価が低くてもしょうがない」と、努力を回避する言い訳にしている可能性もあります。改善できるかもしれないのに、**「上司がおれの勇気をくじいたから……」と人のせいにするのは、非建設的な反応といえます。**

自分への勇気づけ／勇気くじきの例 1

自分の貢献を認めてもらい、相手から感謝や労《ねぎら》いのことばが返ってくれば、それはうれしいでしょう。でも、他者からの承認を期待しながら貢献するのは、ほんとうの意味での**「他者貢献」**↓100ページではありません。勇気づけができる人は、「承認は他者からではなく、自分がするもの」と理解しています。**「自己満足でやっていることが、そのまま、だれかの役に立っている」という状態が、目ざすべき「他者貢献」と言えそうです。**「ギブ＆テイク」ではなく、「ギブ＆ギブ」の精神でいるイメージです。

ただし、この「ギブ」が漫画の勇気くじきの例のように、「休みたいのを我慢している」という**「自己犠牲」**にもとづくものだとしたら、それは勇気がくじかれた状態からスタートしている、偽りの貢献です。きっと長続きしないパターンで、遅かれ早かれ逆ギレして強制終了になるのがオチでしょう。

自分がどうしたいかに目を向けずに、**「……せねばならない」「……すべき」**と、**世間体や一般的な役割期待、他者評価、他人軸で自分の行動を選択していると、当然ながらストレスがたまります。**「我慢や苦労をしないと人から認めてもらえない、いい人になれない、いいことをしたことにならない」という妄想、罪悪感のなせる業かもしれません。**自己犠牲にもとづく貢献は長続きしないのです。**しかも、相手からは感謝されるどころか、「ありがた迷惑」と思われる可能性すらあるかもしれませんよ。

自分への勇気づけ／勇気くじきの例 2

Scene 2

子どもを勇気づけよう

親であれ、上司であれ、子どもや部下を思うからこその「親心＝心配」ですよね。でも、心配しているのは自分であって、相手ではありません。その心配という気持ちの解決を子どもや部下に押し付けるのは、お門違いです。「おまえのためだぞ！」「あなたのためを思って言っているんだよ！」というのは、相手からしたら「よけいなお世話」かもしれませんね。漫画の勇気くじきを選んだ場面を見てください。自分が子どもの立場だったら、勇気をくじかれて嫌な気持ちになるのではないでしょうか。

今、わたしたち親や上司ができることは、「心配」するよりも、相手が自分自身で課題を克服できると「信頼」↓63ページして、それを支援することです。困難に直面して、ただでさえ勇気がくじかれそうになっている相手が必要としているのは、心配の押し付けではありません。くじけそうな気持ちに共感し、失敗するかもしれない恐れをともに分かち合い、「かならずできるようになるから大丈夫」「チャレンジしてかりに失敗しても、もういちどやればいい」と、優しく力強く伴走してくれる、あなたという支援者の存在ではないでしょうか。

子どもへの勇気づけ／勇気くじきの例

Scene 3

妻を勇気づけよう

あなたは妻をライバル＝「**競争**」相手としてみていますか。それとも、チーム・メンバー＝「**協調**」し合う相手としてみていますか。どんな夫婦であっても、お互いが勇気づけられた穏やかな気持ちでいるときと、時間や心に余裕がなく、なにかに追われている、勇気がくじけそうなときとでは、相手をどうみるかも、変わってしまうかもしれませんね。

冷静に考えれば、**同じチームのなかで優劣をつけ、勝敗を決めることは、時間のむだ、生産性ゼロの行為です。**これでは「家庭内働き方改革」は成功しませんね。チーム・メンバーとは、同じゴールに向かって、目的を達成するために協調し合う間柄のはずです。

一方で、目的達成に至るプロセス、やり方に個人差があるのは当たり前でしょう。それは職場でも家庭でも同じこと。自分の「当たり前」を強要しても、相手の勇気をくじくだけ。**目的達成のために、譲れないポイントだけでなく、妥協できるポイントを伝えましたか。その前に、漫画の勇気づけの例のように、相手の意見に耳を傾けることをしましたか。**

自分の許容範囲が狭いと、自分が仕事を囲い込むことになり、他者の力を活用できなくなります。それではほんとうに、チームとしてのパフォーマンスは最大化するでしょうか。

妻への勇気づけ／勇気くじきの例

Scene 4

部下を勇気づけよう

条件を設定して、それをクリアーしたときのみＯＫとする——こうした**「条件付きの信用」**↓81ページを職場のメンバーに持ち込むと、厄介なことが起きそうです。上司であるあなたの期待に応えない限り、部下をＯＫとしない態度で接していたら、相手の勇気はくじかれて、その人のパフォーマンスは下がります。さらに、**結局、あなたがその仕事を引き取るはめになり、本来、自分のやるべき仕事ができなくなるかもしれません。**

相対する接し方が**「無条件の信頼」**↓81ページです。手放しの放任、丸投げとは違います。相手は成長途上で、失敗するかもしれないし、自分の期待には最初から応えられないかもしれません。しかし、**「支援すれば、できるようになる日がいつかくる」と、長い目で相手の成長を信じることです。**漫画の勇気づけを選んだ場合を見てください。上司に無条件の信頼を示された部下は、どんな気持ちになるでしょうか。

むしろ、予定どおりに進まないことのほうが多いのが、社会生活というものです。仕事であれ、子育てであれ、「成功しないとダメ」という前提でいるか、「失敗しても大丈夫」という前提で進めるか、結局、どちらが最終的に時間のむだがないでしょうか。

部下への勇気づけ／勇気くじきの例

Scene 5

上司を勇気づけよう

上司に対して「偉いね、よくやったね！」と、上から目線で評価して「ほめる」ことはできないし、すべきではないでしょう。でも、**部下が上司を「勇気づける」**ことはできますし、一方で、**部下が上司の「勇気をくじく」こともありえます。**

そもそも、上司という立場にある人は、勇気がくじかれやすい状況に置かれた人とも言えるでしょう。部下よりも重い責任のプレッシャーのなかで、周囲からは完全性を求められ、時として人に裏切られ、どれだけがんばっても当たり前と思われているのですから。

上司が困難に直面しているとき、**「ヨコの関係」**→49ページを築いているチームであれば、**部下が上司に共感を示して、自立的に、自分でも手伝えることを具体的に申し出ることができます。**上司は、組織の難題に立ち向かう勇気をもてることでしょう。

一方、**「タテの関係」**→49ページを前提にしたチームだと、部下は指示されれば動くかもしれませんが、部下からの共感にもとづく自立的・積極的な支援は期待できません。**火中の栗《くり》は拾いたくないと非建設的に抗弁する部下を前に、上司の勇気はくじかれます。**チーム全体で乗り越えるべき困難に、リーダーひとりで立ち向かうことはできないのです。

上司への勇気づけ／勇気くじきの例

「勇気づけ」は今すぐに実践できる

どこの家庭にも、どこの職場にも「あるある」の事例を漫画にまとめました。「勇気くじき」は事態の解決を遠ざけ、むだな時間を発生させます。一方、「勇気づけ」を選択すれば、あなたも相手も、気持ちよく動き出せるようすがよくわかりますよね。どちらがより生産性が高いかは、一目瞭然です。

すべてのケースにおいて、あなた自身が、自分の意思で「勇気づけ」、もしくは「勇気くじき」を選択したことに、改めて注目してください。**家庭でも職場でも、むだな時間を廃して生産性を高め、より「幸せ」な時間を増やすことを目ざす、ほんとうの「働き方改革」のためには、あなた自身のコミュニケーション改善がとても重要であるということが、**納得できたのではないでしょうか。

自分や相手を勇気づけるには、それが家庭であれ、職場であれ、相手がだれであっても適用可能な、〝鉄板〟のシンプルな方程式があります。この本は、どんな場面でも使える「勇気づけ」のコツを具体的に理解することができるよう、工夫していますので、楽しんで読み進めてください。

「勇気づけ」について、最後にお伝えしておきたいことがあります。それは、「勇気づけ」はとてもシンプルで簡単なので、すぐに実践できる一方、奥が深いので、**おけいこ事のように日々、実践を繰り返すことで熟達する**ということです。

イチロー選手は、だれよりも上手にボールを打つことができるのに、野球を始めたばかりの小学生と同じ素振りを、毎日繰り返してきたでしょう。野球選手にとっての商売道具がバットであり、そのバットを上手に振れるように日々、基本練習を繰り返すのと同じように、わたしたちの商売道具は「勇気づけ」のコミュニケーションであると認識し、それを効果的に使えるように日々、基本を繰り返し練習していくことが大切というわけです。

いきなり、豪速球や変化球を打つことは難しいでしょう。「子どもとのコミュニケーションのほうが『勇気づけ』を実践しやすい」と思う人もいれば、「後輩や部下相手だとできるのに、家族が相手だと難しい」と感じる人もいるかもしれません。いずれにせよ、まずは、自分にとって打ちやすい球はなにかを見極めて、トライしてみてください。

次の章からは、いよいよ、ほんとうの「働き方改革」の実践に踏み出した、先進的な企業や個人の事例を紹介していきます。次ページで紹介する**アドラー心理学の全体像**に何度も立ち返りながら事例を読み進めると、いちだんと理解が深まることでしょう。

アドラー心理学の全体像

困難を克服する活力を与える

勇気づけ

↓

自己決定性

人間は、環境や過去の出来事の犠牲者ではなく、
自ら運命を創造する力がある

目的論

過去の原因ではなく、未来の目標を見据えている
人間の行動には、その人特有の意思をともなう目的がある

全体論

人は心の中が矛盾・対立する生き物ではなく、
ひとりひとりがかけがえのない、分割不可能な存在である

認知論

人間は、自分流の主観的な意味づけを通して
物事を把握する

対人関係論

人間のあらゆる行動は、相手役が存在する

↓

精神的な健康のバロメーター。共同体のなかで
所属感・信頼感・貢献感の確かさを求めて行動する

共同体感覚

（→ 自分自身やほかのだれかの勇気づけを行える → 勇気づけ）

出典：岩井俊憲著『7日間で身につける！ アドラー心理学ワークブック』（宝島社）

第2章

アドラー式
働き方改革講座
株式会社メンバーズの取り組み

株式会社メンバーズで行った「アドラー式働き方改革」研修の一部始終を、書籍用に編集して公開します。同社は「MEMBERSHIPで働き方を変え、心豊かなキャリアを創る」というコンセプトを掲げて、スキル・報酬の向上はもちろん、仕事のやりがいやプライベートとの両立までを含めたビジネスパーソンとしてのキャリアの豊かさを目ざして、「みんなのキャリアと働き方改革」に取り組んでいます。

研修を始めるにあたって

株式会社メンバーズ「Womembers Program（ウィメンバーズ・プログラム）推進委員会」より

当委員会は、社員のさまざまなライフステージに応じた働きやすい環境づくりと、意欲ある女性社員が能力を最大限発揮できる環境づくりを推進するために、「女性社員の長期的なキャリア形成の支援強化」「ワークライフバランスの実現」「多様なワークスタイルの確立」の3つをテーマに、男性も含めた全社員が生き生きと活躍することのできる機会拡充を目ざして活動しています。今回の研修は、委員会メンバーからの起案で、「職場でもプライベートでも、みんなが幸せになる気づきを得られる場をつくりたい」という思いから実施に至りました。

——株式会社メンバーズ「Womembers Program 推進委員会」メンバーの細川英樹です。わたしたちが働き方改革をしていくうえで、少なからず「男性の価値観の変容」が必要なのではないかと感じています。これは会社のなかだけではなく、家庭も含めての話です。

男性の立場から考えると、男性は男性で日々ベストを尽くしているつもりでいて、でも、なぜか奥さんや子どもたちとうまくいかないことがたくさんあります。パートナーシップや子育て、教育のことなど、がんばっているのにさまざまなトラブルが起こり、悩んでいるのですが、それを、忙しさを理由に「どこの家庭も同じだろう」と容認してしまっています。でもじつは、ここでなにか大切なことを見落としているのではないか、われわれの思考や価値観の外にある考え方を身につけることができれば、意外と状況は改善できるのではないか――そういう思いが長きにわたり、わたしのなかにあるのです。

そこで今回は、みなさんの価値観を変えていくひとつのヒントとして、「アドラー式働き方改革」を提唱している熊野さんにご登壇いただきます。価値観が変わっていけば家庭も変わり、それが働き方へも波及していく、男性も女性も子どもたちも、みんなが犠牲にならず、お互いがお互いのために幸せになる――この研修が、そんな気づきを得られる場になることを期待しています。

熊野です。ベビーシッターサービスや保育園の運営など、アドラー心理学をベースとした保育サービスを提供する「株式会社子育て支援」という会社の代表を務めています。併せて「親育て」「ボス育て」など、大人がアドラー心理学を学ぶ研修も行っています。

今回は「アドラー式働き方改革」ということで、前後半の2部構成でお話しします。前半の家庭編→36ページでは、子どもとの関係改善、あるいは夫婦での子どもとの向き合い方についてお伝えし、後半の仕事編→65ページでは、前半に学んだことが、じつは仕事でも同様に使えるということを学んでいきます。ひとつのシンプルな軸さえ身につけることができれば、家庭も職場も一石二鳥で改善していくという、魔法のような、でも、聞いたら確かにそうだよなと思う、実践的な話をしていきます。

家庭編 1

ほめない・叱らない子育てにチャレンジしよう

幸せになるためには「精神的な自立」が必要

アドラー心理学では「ほめない・叱らない子育て」をすすめています。「えー、なんで？ほめたら子どもは喜びますよ」「ほめて伸ばすのがいいと思っていました」という声も聞こえてきそうですし、世の中にはそのような子育て法もたくさんあります。一方で、「叱らないなんて、そんなの理想じゃないの？」「叱らなかったらどんどんつけ上がって、生意気で甘ったれた子になってしまうのでは？」と感じる人も多いようです。

ほめたり叱ったりすることをなるべく少なくして、そのかわりに子どもを**「勇気づける」**↓16ページというかかわりを実践すると、**がぜん子育てが楽になって時間も生まれ、また、子どもの目がキラキラと輝いていきます。**「やらなーい」「僕、むりー」とあきらめてしまったり、うそをついたりということがどんどん減って、自分でなんでもやってみる、困ったときや大切なときにはちゃんとパパ、ママを頼って相談してくれる子になっていきます。

子どもになにを聞いても「フツー」「別に」としか返ってこないような状態を乗り越えて、

しっかりとコミュニケーションがとれる親子になるためにはどうしたらいいか、そんなことを一緒に考えていきましょう。

じつは、そんなに難しい話ではありません。アドラー心理学というのは、「人が幸せに生きるためにはどうしたらいいのか」ということを、心理学の観点から体系づけた学問です。**人が幸せに生きるためには、ズバリ、「精神的な自立」が必要です。**非常にシンプルですね。

「精神的な自立」とは、**「自分のことを自分の意思で考えて、決めて、行動でき、他者と適切な関係を結べること」**です。自立というと「経済的、金銭的な自立」や「なんでもひとりでできること」と考えがちなのですが、少し違います。たとえば病気やけがをして、自分ひとりで自分を支えられないときには、**適切に他者を頼り、適切に依存することができる必要があります。**足りない部分も含めて自分を理解し、受け入れ、他者と良好な関係を結び、時には助けてもらったり、自分が助けたりということを普通にできる、それが「精神的な自立」です。

これができるようになると、みんながハッピーに過ごせるようになります。そんなことをわかりやすく教えてくれるのが、アドラー心理学なのです。

子育てとは、子どもの自立を支援すること

つまり、キーワードは「自立」です。親としての役割を「子どもの自立を支援すること」と覚えてください。

親がよかれと思って教えたり、手を出したりすることが、むしろ長期的には子どもの自立の足を引っ張り、子どもの甘えを助長していないでしょうか。目の前の息子、娘に接するとき、いつも**「自分の言動は、この子の自立にとってプラスになっているかどうか」という視点をもってほしいんです**。これは、**上司であるあなたが部下に接するときの視点と同じです**。このあんばいがわかるようになると、今は助けるときだ、今は信じて見守るときだ、という線引きができるようになります。

では自立した大人とは、どんな大人のことをさすのでしょうか。**アドラーは「勇気」「責任感」「協調精神」、この3つの資質をもつことが、自立した大人の条件だと言っています。**

「責任感がある人」「協調性がある人」、おそらくこの2つは直感的にも納得できると思います。自分たちの子どもには、人のせいにしたり、自分は悪くないと逃げたりする責任感

のない大人にはなってほしくないでしょう。また、お子さんも学校では日々、協調性を学んでいますし、仕事でも家庭でも、だれかと助け合う必要がありますね。

さて、残る1つの「勇気」は、子育てにおいてはあまり聞き慣れないかもしれませんが、アドラー心理学ではよく使われることばです。子どもを「勇気づける」、あるいは子どもの「勇気をくじく」という使い方をします。

ここで言う「勇気」というのは、「勇ましい」という意味ではなくて、簡単に言うと**「チャレンジ精神」**、つまり一歩踏み出してやってみよう、という気持ちです。オリンピックで、苦しい練習を乗り越えて金メダルをとった選手を見ると、とても勇気づけられますよね。お子さんに「自分も、つらいことがあっても逃げずにがんばってみよう」と思ってもらうには、親である自分はどんな「お見本」になれるかな、ということを考えてみてほしいのです。

自立には「自ら選んで失敗する」経験が不可欠

子育てにはさまざまな方法があります。アドラー式子育てはそのなかのひとつであって、「絶対にこれじゃなきゃダメ」と強要するつもりはありません。ただ、いろいろな子育ての方法があるなかで、親のかかわり方は大きく3つに分けられるということをお話ししておきます。

1 自由なき制限（支配的スタイル）

左ページ、左上のイラストの子どもを囲う「柵」は、各家庭のルール、枠組みです。これはほかの家庭と違っていてもいいのですが、ちゃんと決めたほうがいいです。子どもは、最も小さな組織である家庭のなかで、秩序を守ることを学びます。だから、約束事を決めるというのはとても大事なのですが、このスタイルに偏りすぎている親御さんがけっこう多いんです。

大人のほうが経験もあるので、よかれと思ってつい先回りして、ルールや制限、禁止事項をつくってしまいがちです。これをひと言で表すと、**子どもを信じて待ってあげられない、ということです。**「太郎くん、こっちにしておきなさい。こっちのほうがいいよ」と、優しさと愛のつもりで、ついガイドしすぎてしまいます。38ページで「自立」における3つの資質（勇気、責任感、協調精神）について説明しましたが、このうち、**子どもの「責任感」を養うチャンスを奪い取っています。**なぜかというと、この「柵」が小さすぎるということは、子どもが自分で選択するチャンスが少ないことを意味するからです。太郎くんが責

子育てには「制限」も「自由」も両方必要

任感を育むには、「自ら選んで失敗する」という経験がどうしても必要になります。**自分で選択して、その結果を自ら引き受ける、それを繰り返さない限り、責任感をもつということを学べないのです。**

2 制限なき自由（放任的スタイル）

このかかわり方は、子どもに選択する自由があるという点ではよいのですが、ルールがありません。あるいはルールがあっても、枠組みがあいまいです。**放任がいきすぎると、子どもはなんでもやりたい放題で、**うまくいかないと、情緒をわざと不安定にさせてかんしゃくを起こし、なんとかして親を言いなりにさせようとする、ということを覚えていってしまいます。

3 制限のなかの自由（行動的スタイル）

みなさんもつい甘やかしてしまったり、厳しくなってしまったりと、どちらかのスタイルに偏っているときがあると思います。この偏りを、いいところだけ残して、真ん中に少し寄せてみませんか、というのが、アドラー心理学がおすすめするかかわり方です。パパとママで方針が違うこともあると思いますが、それはそれでかまいません。お互いがお互いを受け入れながら、少しずつ調整して真ん中に寄せ合っていくと、パパ、ママのその人らしさを生かした、よいスタイルになります。

たとえば、子どもの服を例とします。まだ小さいからといって、着る服を全部親が決めてしまうのが、ルールや制限だけの「柵」のみの状態です。この「柵」を少しずつ大きくしながら、選択肢も増やしていきます。「Tシャツを着る」という制限のなかで、数枚を並べて「どっちがいい？　自分で選んでね」と提示してみましょう。まだことばで伝えられないなら、指差しで決めてもらいます。そんな、**自分で選んだというプチ経験の積み重ねで、子どもは自分のことは自分で決める、パパ、ママが決めてくれるんじゃない、ということを学んでいきます。**

これをめんどうくさがってはしょるか、自分で選ばせるかで、子どもの自立心は大きく変わっていきます。**アドラー心理学では、なるべく小さいころから、子どもを子ども扱いしないことをおすすめしています。**だいたい1歳前後から、こちらが語りかけることばをそれなりに理解できてきたな、というころがスタートの目安です。

※子育ての3つのスタイルは、アメリカの心理学者マイケル・ポプキン博士が開発した「アクティブ・ペアレンティング」講座が初出。その日本語版では、3つのスタイルを「独裁的」「放任的」「民主的」と訳しているが、ここでは、著者が「支配的」「放任的」「行動的」と表現し直している

――大量の細かいビーズのおもちゃを3歳の娘が欲しがっていて、これが部屋に散らばったら片付けるのが大変だなと思っています。これは選択肢に入れなくてもいいですか？

微妙なところですね。「親が大変だから」という理由で選択肢の幅を狭めるのは、いちど自分の胸に手を当てて考えてみてほしいです。とはいえ、実際のところ、正解はありません。

たとえば、散らばったら大変だという懸念があるわけですから、そのことを子どもと話し合ってみるという手もあります。「ちゃんと片付ける」と言ったときは、規模を小さくして実験してみるのも手です。いきなり何千粒ものビーズを与えちゃったら、親はイライラ、子どもは大泣き、みたいな惨状になるかもしれません。だから、最初は少量のビーズを与えてみて、「片付けができるようだったら、もう少し増やすよ」と話し合いをしてみるといいですね。かりに失敗したとしても、失敗するチャンスを与えるということが大切です。

ポイントは、「まだ3歳で、どうせわからないし、できないだろう」と、大人の都合でごまかそうとせず、その子なりにわかるように話してみることです。小さな規模で失敗を経験すると、子どもはすんなり「これはできないんだ。じゃあ、ほかのものにする」と言うこともありえます。

失敗を恐れない心を育むには親の「承認」が大切

さて、「ほめない・叱らない子育て」という話に戻ります。もちろん子どもはほめたら喜びますが、じつは、**ほめてもらうよりも、もっとうれしいことがあるんです。**

「ほめる」というのは、ある行動に対してできたかできなかったか、という「評価」です。もちろん、いい評価をもらって悪い気はしないのですが、ほんとうに子どもが求めているのは、僕が100点をとれなくても（わたしが発表会で上手にピアノを弾けなくても）大好きなパパ、ママは「ありのままの僕（わたしで）OK」と思ってくれているという**「安心感」**なのです。

それなのに親は、「がんばって！」と応援し、できたら「やった！」、できなかったら「残念」と評価します。応援することでモチベーションを上げ、なにかをできるようになることだけがよいことだ、ということを伝えてしまいます。でも子どもは「ありのままの君でいい」という安心感を求めています。**「ありのままの君でいい」と信頼され、安心できた子が、ほんとうにあきらめない心を手に入れ、本人にとって望ましい結果を手に入れることができるわけです。**結果を先に求めないことも大事なのですが、その前に、**その「結果」**

は、ほんとうに子どもが望んでいるものでしょうか。親の価値観の押し付け、エゴになってはいないでしょうか。

では、どうやったら「ありのままの君でいい」と伝えられるのでしょうか。それには、**日ごろからの「さりげない承認」が大切です。**日常のなかで当たり前のことに注目をしていきます。

子どもが学校から帰ってきて、ランドセルを放り出したまま漫画を読んでいるとします。まったく「ほめ」に値しないその状態にも、「漫画が好きなんだね」と伝えてみましょう。**子どもが興味・関心をもっていることに、親も注目しているということを示すことが大切です。**そうすると子どもは、「そうなんだよ。僕、これが大好きなんだよ！」と感じます。パパは僕のことに興味をもって、見てくれている――これがうれしいんです。

子どもは心に、親の注目を吸収する「巨大なスポンジ」を抱えています。このスポンジは非常に厄介で、とても乾きやすく、すぐにカサカサになります。たまに子どもが「ほめ」に値する行動をとったときだけ、「やったじゃん。もっとがんばれよ」と、バケツでバシャーと水を与えても、そのうち乾いてしまいます。それよりも、乾かないように「ポタ、ポタ、ポタ」と、つねに水を与えて潤してあげましょう。「今日も元気だね（ポタポタポタ）」「ご

「さりげない承認」で子どもを勇気づけよう

はんをおいしそうに食べたんだね（ポタポタ）」。家の中でも横を通り過ぎるときに声をかけたり、肩をたたいてあげたりして、**「君のことをいつも気にしているよ」と、態度で示しましょう。**忙しいからといって、スマホをいじりながら素通りしていませんか。このちょっとした差で、「ああ、僕のことを見てくれているんだ」とスポンジが潤ったり、「やっぱり僕のことを見てくれないんだ」とカサカサになったりします。

当然のことながら、スポンジが潤っていたほうがやる気が出ます。子どもが挑戦する気持ちをもったり、約束を守ったりすることを望むのであれば、まずここからです。いつもスポンジが潤っているように、ケアしてあげましょう。

逆に言えば、子育てはそれだけやっておけば、だいたい大丈夫です。そして、子どもが「やってみたい！」と言ったら応援しましょう。「どうしたらいい？」と頼ってきたら、初めて親としてアドバイスしたり、一緒に考えてあげたりしましょう。最初から教えてしまうと、子どもは自分で考えるという主体性、責任感をもてなくなります。

仕事が忙しく、子どもと触れ合う時間が短いことを気にしている方に朗報です。**子育ては時間ではなく、質です。**最悪なのは、子どもの勇気をくじきながら、長い時間一緒にいることです。短い時間のなかでも、質の高い勇気づけの時間をもちましょう。そのときにとても有効なのはハグです。恥ずかしがらずに、スキンシップを大切にしてください。

「タテの関係」には弊害がある

さて、子どもを絶対ほめてはいけない、というわけではないのですが、そもそも、**ほめるという行為は、つねに上から目線です。**「社長、今期はがんばっているね。偉いね」とは、言えないですよね。つまり、「ほめ」は立場上、確実に「上の者が下の者にする行為」、タテの関係性で成り立つものです。

では、親子はどういう関係性なのでしょうか。**アドラー心理学では、親子の間に友達のような関係をいっさい求めません。**親と子というのは、役割として厳然たる差があります。とれる責任の範囲も違うし、経験も年齢も違います。**役割としての「タテの関係」は威厳をもって守りますが、いざコミュニケーションをとるときには、対等なひとりの人間として、「ヨコの関係」で付き合うことを求めます。**このタテとヨコを使い分けるというのが難しいのですが、まずは「立場としてはタテ」「コミュニケーションはヨコ」というのを、いつも意識してください。

タテの関係で育てることは、結果はどうあれ、じつはすごく簡単です。「いいですか、わたしはパパです。大人だから偉いんです。君は子どもで、まだ小さい。だから、パパの言うことを聞いていればいいんです」というやり方です。言うことを聞いたら「いいね、そうだよ。それでいい」とほめて子どもをコントロールし、親に従うことを教えます。これが一般的な子育ての方法なのですが、じつは、**非常に大きな危険をはらんでいます。**

わかりやすく言うと、「わたしは支配する人で、君は依存する人。だから、考えなくていいから、言うことを聞け」ということと、ほぼ同義です。そうやって接していると、やがて子どもは**「ほめてもらうために、叱られないために、言われたことをやったほうがいい」と思うようになります。**これは、自立と真逆ですよね。その後、子どもが大きくなったとき「さあ自立しろ」と言われても、彼らも困ってしまいます。

「パパ、ちょっと待ってよ。今まで『言うことを聞け』って言ってきたじゃん。僕、自分で考えたことなんてないよ」

こうなったら大変ですよね。やり直しはできるけれど、リハビリにはそれなりの時間がかかります。そうなる前に、子どもが小さいうちから、「自分で考えてみて。困ったら助けるよ」というヨコの関係にしておいたほうがいいのです。

コミュニケーションのポイント

1 **立場の違いがあっても、コミュニケーションは「ヨコの関係」で行う**

「ほめる」には、相手を思いどおりに動かす「下心」がある

やがて自立を妨げる副作用をもたらす「ほめ」を、自分がしてしまっていないかを判断するポイントがあります。それは**「下心」**です。

ほめことばには、それ自体に「ご褒美」の意味があります。「あめをあげるから、静かにして」、わたしも子どもが小さいときにやっていました。どうしてもご褒美を使わざるをえない局面もあるでしょうから、絶対にダメとは言いませんが、リスクはあります。「ご褒美」とは「ワイロ」であり、金品の授受をもってして、相手にこちらの要求をのんでもらう行為です。そして、要求はかならずエスカレートしていきます。

下心のある「ほめ」を多用して、ありのままの君のことは認めないというメッセージを発していると、ワイロより怖いことが起こります。**子どもが自信を失い、失敗を恐れて挑戦しなくなっていきます。**わたしは保育園でたくさんの子どもたちを見てきて、ここ数年、とくに顕著だと感じているのは、すぐに「むりー」とあきらめる子どもが増えてきたことです。これは、明らかに勇気がくじかれている証拠といえます。

「パパもママも、ミスしただけでめっちゃ怖いじゃん。だから、100点をとれる基本問

題はやるけど、応用問題はやらないよ。だって90点をとっても10点のミスを怒られるもん。だったら、確実に100点をとれる基本問題だけでいい」

こうやって、自らのハードルを低めに設定してしまいます。可能性にあふれた子どもが、ほんとうにもったいない、残念な状態になっていると感じています。

彼らがそのまま成長したら、**行き着く先は「指示待ち人間」です。**みなさんの周囲にもいるかもしれませんが、自分で主体的に問題解決を図らない人って、困りますよね。「パパ、これやってもいい？」と確認しないと進めない子どもは、「指示待ち人間」予備軍といえます。

コミュニケーションのポイント 2
相手を操作しようとするコミュニケーションをしてはいけない

「ほめ」と「勇気づけ」には、そのことば自体には重なる部分がありますが、その違いは、相手を動かそうとする「下心」があるかどうかです。その意味で、**「ほめる」と「叱る」というのはまったく同質**で、ほめて動かそうとするか、叱って動かそうとするかの違いでしかありません。これが、**アドラーが最もやめるべきだと言っていること**です。

「叱る」よりも、相手に伝わる方法がある

次は「叱る」という話をします。もちろん、子どもに対して注意をしたり、改善要求をしたりする必要はありますよね。しかし、怒りという感情を使って相手を思いどおりに動かそうとする作戦は、「ほめる」同様、結局はうまくいきません。

こういう話をすると、よく言われます。

「どなるのはよくないと、頭ではわかっているんですが、感情が言うことを聞かないんですよ」

そんなとき、わたしはいつもこうお伝えしています。

「じつは、あなたは感情をすごく巧みにコントロールしていますよ」

簡単な例を示します。職場でイラッとして、「なんでまた同じミスをしているんだ！」と、部下を〝激詰め〟モードで怒っているときに、大切なお客様からの着信があったとします。すると一瞬にして、「はい、いつもお世話になっておりますー。あ、納期ですか。もちろん大丈夫です！」と、ご機嫌モードで受け答えすることでしょう。子どもを怒っているときに学校の先生から電話がかかってきても、すぐに態度を切り替えられると思います。

アドラー心理学では、**人はいつも、状況や相手を判断して感情を使い分けていると考えます**（目的論 32ページ）。「怒り」という感情を使う「目的」はなにか、その「怒り」によって、なにを達成しようとしているのか、ということです。部下や子どもを怒っているとき、「怒りたくて怒っているんじゃない」と言いますよね。でも違います。**怒りたくて怒っているんです。**

だから、「自分は感情のコントロールが上手ではない」と思っている人は、その前提で考えなくても大丈夫です。感情は自分で選ぶことができるし、**感情を使わなくても、相手に思いを伝える方法がある**ということを、ぜひ学んでください。

簡単に説明すれば、怒りという二次感情の手前にある一次感情、つまり**「心配」「不安」「寂しい」「残念」といった自分のほんとうの感情をまず見つけます。**そして、「おれは今、すごく残念な気持ちなんだよ。また同じミスをして、お客様に迷惑をかけただろう」「約束を破られたら、パパは悲しいよ」と、**その一次感情を冷静に相手に伝えてください。**そのほうがよほど、言われた相手は次からの振る舞いを直そうと思ってくれるでしょう。

3 コミュニケーションのポイント

怒りは二次感情であり、その手前には一次感情が隠れている

怒りは二次感情である

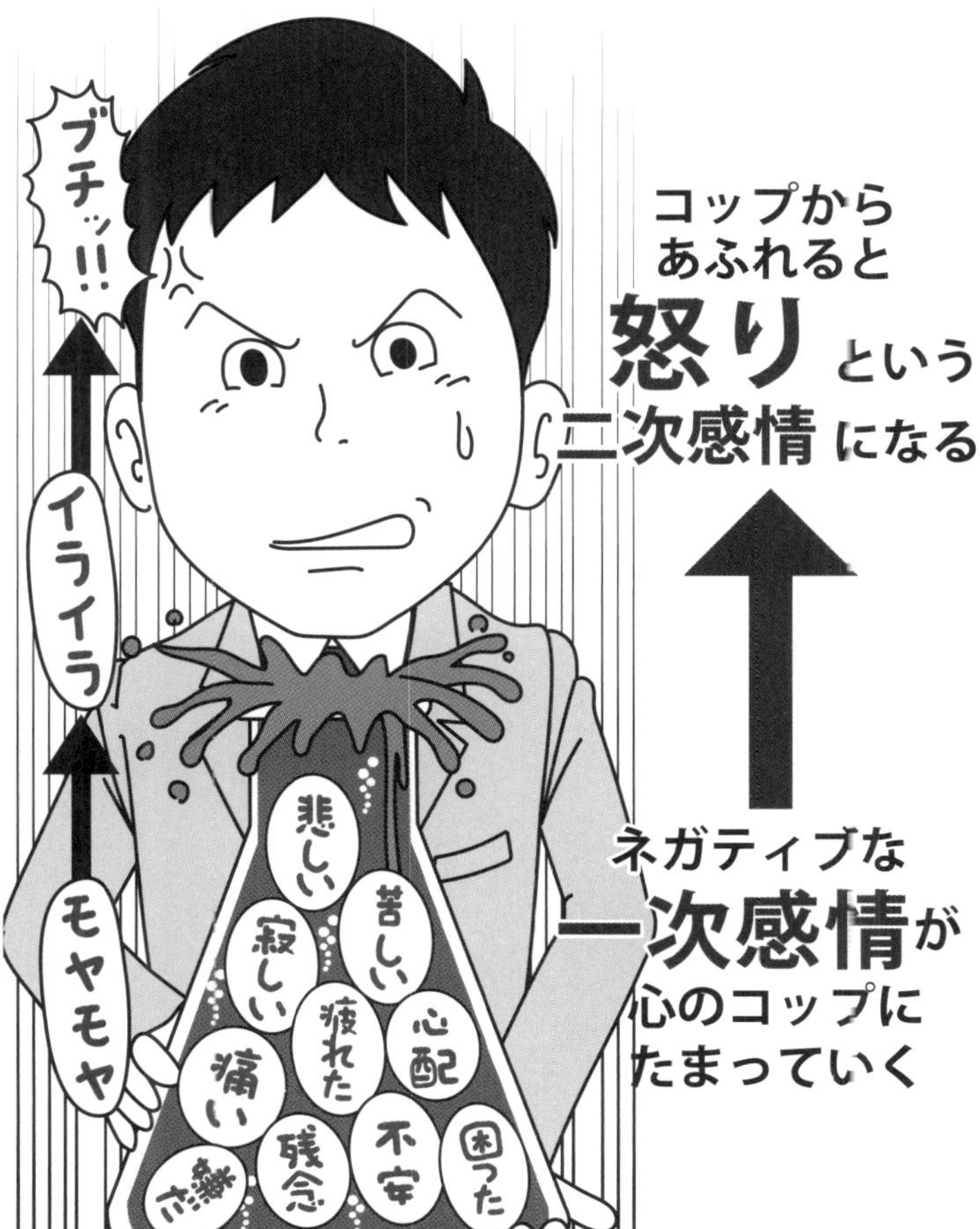
ブチッ!!
イライラ
モヤモヤ
コップからあふれると
怒りという
二次感情になる
ネガティブな
一次感情が
心のコップに
たまっていく
悲しい
苦しい
寂しい
疲れた
心配
痛い
嫌だ
残念
不安
困った

――うちでは、片方の親が叱ったら、もう片方が冷静に「なぜ叱られたのか」という理由を伝え、かならずフォローするようにしています。この方法は合っていますか？

パパとママで叱り役とフォロー役を分担するのは、ありだと思います。でも、もっといいのは、「パパはなぜ怒りたい気持ちになったのか」を最初から冷静に伝えられれば、フォローする人はいらなくなります。

この話の前提には、「子どもは、厳しく伝えないと考えを改めない」という思いがあるのかもしれません。だから、大きい声で叱ることを手放せないんです。でもほんとうは、子どもは叱られないとわからないということはありません。むしろ、落ち着いてちゃんと教えてあげたほうが、納得しやすいんです。

これまでの子育て、とくに西洋の古い時代では、子どもはまだ動物だから、調教をするように叱ることが必要だという考えがあります。でも、相手はことばを話せる人間なのだから、言って聞かせればいいんです。あるいは、親が「こうしたほうがいいよ」という「お見本」を示すのもいいですね。

叱る前に、どうやったらことばや態度で伝えられるだろうと、ご夫婦で話してみたらいかがでしょうか。結論として、やっぱりうちは「叱る&フォロー」でいこうというのであれば、それはそれでOKです。

——小4の息子が、責任を回避しようとしたり、怒られないようにそつなくやろうとしたりする態度をとります。こちらが声を荒らげると、よけいにやらなくなります。すでにそういう段階にあっても、勇気づけてあげれば、変わっていくのでしょうか？

「うちの子、もう中学生なんですが、間に合いますか？」「すでにぐれちゃったんですが、もうむりですか？」と、よく聞かれますが、いつからでも遅くはありません。今日からでもできますし、逆に大きくなっているなら、今すぐやったほうがいいです。

子どもは、いつまでも心にスポンジを抱えていると考えてください。その年齢までカサカサのままで育ってきて、とても勇気がくじかれています。だから今日から、ありのままの子どもに注目を与えて、「ポタポタ」とスポンジを潤していけば、大丈夫ですよ。

家庭編2

子どもを勇気づけるコミュニケーション

人は勇気をくじかれ続けると、最後は無気力になる

子どもの心の中にあるスポンジが潤っていれば、親の言うことも素直に聞く余裕が生まれます。スポンジがカサカサのままで、「ああしろ、こうしろ」と命令されたら、かならず反発するでしょう。勇気をくじかれた子どもの行動は、親からの注目を得るために徐々にエスカレートしていきます。

まず、子どもは**「不適切な注目」**を得ようと試みます。親の長電話を引っぺがす、パソコンを操作していると邪魔をしてくる――このような不適切な方法で、「もっとこっちを見てよ」とアピールしてきます。**子どもは「悪い子になって怒られて」でもいいから、注目を得たいのです。**

2番目は**「反抗」**です。「生意気なことを言っても、パパやママはどこまでなら許してくれるだろう」。保育園児や小学生でも、先生にわざと反抗的なことをするケースがありますね。**それでもわたしを愛してくれるのだろうか、と試しているのです。**

3番目は**「復讐《ふくしゅう》」**です。「僕がこんなに注目を欲しがっているのに、全然こっちを見てくれない。そんな親には復讐してやる！」。**子どもは親のことをよく見ていますので、親の最も嫌がることを選んでしてくることが多いです。**世間体を気にする親なら、不良になったり犯罪を犯したりするかもしれません。大きくなると、暴力に訴えてくる場合もあります。

最後は**「無気力」**です。生きる気力を失っていき、引きこもります。小さい子なら、最初はバレバレの仮病を使うかもしれません。**子どもは、病気になったときにやっと忙しい親が立ち止まって、こちらを見てくれる、ということを学びます。**これを続けていると、子どもがほんとうに病気になっていくこともあります。ここまでくると、もうスポンジがガッサガサです。

ここからでも取り戻すことはできますが、すごく大変です。だからそうなる前に、「この子、わざと不適切な行動をしているな」と感じたら、「ああ、スポンジがカサカサなんだな」と、気づいてあげてほしいんです。そして、「どうした？（ポタポタ）」「お話を聴かせて（ポタポタ）」と、向き合ってあげましょう。「ちゃんと君のことを見ているよ」ということが伝われば、それだけでスーッとスポンジは元に戻り、「ＯＫ、もう大丈夫」と、子どもは離れていきます。

不適切な行動は、じつは全体の5％にすぎない

「うちの子、不適切な行動ばかりするんですよ！」とよく言われます。親は子どもの至らないところばかりに目がいきがちです。朝は起きないし、宿題はやらないしと、実際できていないことはたくさんあると思います。でも、**それは全体の5％くらいのことであって、じつは残りの95％は適切な行動をしているのです**。当たり前になりすぎていて、そのことに気がついていないんですね。これは、**部下に対しても言えることです**。

さらに、不適切な行動の手前には、たいていその子の「正義」があります。お兄ちゃんが弟をたたいたとき、暴力という行為は不適切なので、後で注意する必要はありますが、まずは「なにがあったか教えて」と聴いてみましょう。かならず「彼なりの適切な思い」があるはずです。

とくになにもしていないときでも、**95％の適切な行動に注目を与えてください**。たくさんスキンシップをして、話を聴いてあげると、子どもはいつもフワフワな気持ちでいられます。「当たり前だから」「照れくさいから」と注目を与えないでいると、子どもは作戦を変更し、58ページで説明したような方法で、アピールしてくることになります。

子どもの行動と親の反応の関係性

子どもの行動／親の反応 	適切な行動 	不適切な行動 
正の注目 	◎	×
負の注目 	×	逆効果 
無視 	×	×
注目しない 	逆効果 	○

子どもはパソコンとにらめっこしているパパを見て、床をドンドンしたり大声をあげたりします。するとパパは、「なにやってるんだ！」と叱って、負の注目を与えてしまいますが、これをやめてほしいんです。このとき子どもは「作戦成功！」と思っています。「僕が悪い子になったら、パパはパソコンを見るのをやめてくれたじゃん。今日なんて、おしりペンペンのスキンシップまでゲットだぜ！　よし、もう一回やってみよう」。そしてパパはまた叱ることを繰り返し、おかしな親子関係が築かれていきます。だから、叱らない子育てが大事なんです。卵が先かニワトリが先かという話ですが、「子どもが悪いことばかりして、わたしは一日中叱ってばかりなんです！」という場合、**それは、パパやママが怒って叱って、負の注目を子どもに与えているから**かもしれません。

子どもがわざと変なことをしてきたら、その作戦にはのらずに、注目しないでみてください。これは無視とは違います。無視は虐待、人格否定なので絶対にやってはいけません。「そういう作戦でわざとイライラさせるようなことをしないでくれる？　パパはもう反応することをやめたんだ」と、伝えてください。子どもは「やべえ、バレた！」と思います。そうしたら「パパ、『忙しい』とばかり言ってごめんね。毎日少しでもお話ししようね」と伝えてあげればいいのです。

お子さんは「ほめたり、叱ったり、指示したりする存在」ではなく、「ただ自分の話を聴いてくれる存在」を求めています。「パパはそういう存在になるよ」と伝えて、実際に行動に移してあげたら、子どもはすごく落ち着きます。ここまでの関係性ができると、子どもはわざと不適切な行動をしなくていいことに気づきます。つまり、親が怒る場面が減っていくのです。「怒りをコントロールして、叱るのを我慢しましょう」という子育てではないのです。相対的に叱る場面が減っていき、やがて、たくさんの時間が生まれます。ほめて叱って、それを監視して、こうやって日本人は忙殺されています。子どもにも部下にも自立してもらい、よけいな時間を減らし、本来やるべきことにリソース（経営資源）を振り分けていく――これが「働き方改革」へとつながっていきます。

コミュニケーションのポイント 4

5%の不適切な行動に注目するより、95%の適切な行動に注目しよう

子どもの自立を望むなら、信頼しよう

子どもの自立を望むなら、まずは「信頼」しましょう。信頼には、子どもや他者を信頼

するという方向性と、自分自身を信頼するという方向性の2つがあります。親や上司は、子どもやパートナー、そして部下を信頼し、彼らを信頼できる自分自身をも信頼するということを繰り返し実践していきます。アドラー心理学には**「幸せの3条件」**があります。自分をありのまま信じていいんだよという**「自己受容」**、パパやママのことを信じられるという**「他者信頼」**、だれかの役に立つ価値があるという**「他者貢献」**。この3つをぐるぐると回して広げていくと、いつのまにか幸せに、つまり自立した人になっていくのです。

子どもを信頼するとき、**気をつけたいのは、母性と父性の使い方です。**母性の本質は「保護」、父性の本質は「分離」で、わたしたちはだれもがその両方を兼ね備えています。子どもが小さいうち、部下が新入社員のうちは母性で守ってあげることも必要です。一方、子どもも部下も成長していきますので、そのとき母性、つまり保護する気持ちは徐々に減らしていく必要があります。それなのに、**よかれと思って母性を発揮し続け、過保護になっていることが家庭でも職場でもよくあります。**心配や保護がいきすぎていないか、ということを、いつも自分自身の言動に対しチェックしてみてください。

信じて見守り、困ったら助ける――そのためには、母性を意識的に減らしていき、父性、つまり自分と他者を分離して、「君は大丈夫」という意識を増やしていきましょう。

仕事編1

人間関係を円滑にするアドラー的価値観

「アドラー的価値観」の4つのキーワード

さて、いよいよ仕事編です。家庭編で説明してきた子育てに大切な「勇気づけ」や「信頼」は、じつは仕事でも丸々使えるということを、「アドラー的価値観」を紹介しながら、橋渡ししていきます。

「アドラー的価値観」を実践すると、家庭では「こんなにやってあげているのに」「○○しなきゃ」といった義務感が減り、**喜んで家事や育児に参加「したい」という貢献感に変わっていきます。**夫婦げんかにエネルギーを割くことも減り、お互いが共感とリスペクトの関係で結ばれていきます。子どもはそれを「お見本」として、人との付き合い方や自立について学んでいくのです。

仕事ではお互いに信頼感が生まれ、「報連相」がスムーズになることで、〝手戻り〟や、お客様とのトラブルが激減し、**その結果、家に帰る時間が早まって、仕事も家庭も充実していきます。**ニュースを騒がせている企業の偽装や隠蔽——そんな、保身のための小細工に労力を使うのではなく、本来のクリエイティブな仕事に力を注ぐことができるようになります。ほめて叱って人を動かすマネージメントで疲弊するよりも、感謝と信頼でみんなが助け合い、自走していく――そんな職場をイメージしながら、仕事編に進みましょう。

では、「アドラー的価値観」とはなんでしょうか。説明していくと、家庭編でも同じことを言っていたことに気づくと思います。

まずは**相互尊敬**――相手の立場や年齢が上だろうが下だろうが、ひとりの対等な人間としてリスペクトすること、「ありのまま」を認めることです。

次に**相互信頼**――これは無条件です。似たことばに「信用」がありますが、信頼と信用はまったく違うということを、のちほど説明します。

そして**協調精神**――助け合いです。自己犠牲ではなく、喜んでだれかのために役に立つ、一歩前に出て、「わたしが力になれることはありますか?」「一緒に助け合いましょう」と言える、そんな気持ちです。

最後に**共感**――これも「同意」や「同情」といった似たことばがありますが、意味の違いを明確にし、ほんとうの共感とはなにか、ということを学んでいきます。

家庭と仕事の土台となる「アドラー的価値観」

聴き下手な人になっていませんか

ここで、相手に上手に共感しながら話を聴くワークをしてみてください。人とのコミュニケーションの成功の鍵は、「いかに上手に聴くことができるか」にかかっています。話し手と聴き手の2人組をつくり、話し手は左ページのイラストのAさんのせりふ（右側）を見ながら、聴き手はBさんのせりふ（左側）を見ながら2人で話をします。できるだけ話し手は、Bさんのせりふを見ないようにしてくださいね。

どうでしょうか。会話は盛り上がりますか。

イラストのBさんは、じつは聴き上手とは逆の、聴き下手な対応をしています。せっかくAさんはノリノリで会話を始めたのに、興味なさそうにされたり、批判されたりすると、「もういいよ！」という気持ちになるのではないでしょうか。

振り返ってみてください。仕事や家庭で、目も合わせずに煩わしそうに「なーに？」と言ってしまったり、部下や子どもがうれしそうに話をしにきているのに、揚げ足を取ってしまったりしていませんか。

聴き下手な対応をされると、どう感じますか？

コミュニケーションの鍵は「共感ファースト」

この本のなかで、なにかひとつだけ覚えてもらうとしたら、**「共感ファースト」**をおすすめします。

家庭編で「子どもの関心に関心をもとう」とお伝えしました↓46ページ。相手の関心に関心がある人は、**「相手の目で見、相手の耳で聴き、相手の心で感じて」**います。一方、自分にしか関心がない人は、「自分の目で見、自分の耳で聞き、自分の心で感じて」います。相手が子どもでも妻でも、部下でもお客様でも、話を聞いているふりはしていても、**「次はこう言ってやろう」「そんな話、興味ないよ」と、頭の中では自分のことばかり考えています。**そうすると上の空がバレて、「わたしの話、ちゃんと聴いてる?」と言われます。こういう経験、ありますよね。わたしもかつて、ヨメから何万回と言われました。

共感ファーストとは、あたかも幽体離脱して相手に憑依《ひょうい》するようなイメージで話を聴くことです。それくらいの気持ちで、相手が伝えたいことを感じてみましょう。**次になにを言おうかなんてことは、あとで考えればいいんです。**はしょらずに丁寧に、まずは共感ファースト。それだけで相手は、深く理解してくれたと感じるでしょう。

「共感ファースト」の姿勢とは

共感は、同意でも同情でもない

共感するときに、気をつけたいポイントが2つあります。

まずは**「同意」**との違いです。よく、こういうことを言う人がいます。

「共感が大事なのはわかるけれど、全部共感したら、相手の言いなりになっちゃいますよね。子どもの言いなり、お客様の言いなり、それでも共感しろと言うんですか?」

相手の話に共感を寄せるということと、同意することは、まったく違います。**「あなたの立場に立つと十分共感できるけれど、自分の立場からみると、その意見には同意できません」と言ってもいいのです。**これを混同している人が多いようです。

もうひとつは**「同情」**との違いです。ついつい「かわいそう目線」で相手と接してしまい、わたしは助けてあげる人、あなたは助けてもらう人と、相手を下にみてしまうことはありませんか。

よく考えてみてください。**共感はヨコからで、「相手に乗り移るだけ」ですから、上下の関係ではなく、フラットです。一方で、「同情」は確実にタテの関係です。**同情目線で共感を寄せられてしまうと、「わたしをかわいそうな人だと思わないでほしい」と思われ、相手にとって失礼になってしまうかもしれません。

「同意してしまうのを恐れて、共感を避けていないか」「同情して、相手をかわいそうな人にしてしまっていないか」を、しっかりと検証してみてください。

本気で相手の気持ちになって、「ああ、そういうことなんだ」と理解を示すことができれば、そのあとで「じつは、わたしの意見は少し違います」と伝えたとしても、相手は聴いてくれるでしょう。しかし、最初から耳を閉ざして、「どうせ、そういう話か」「それは自分の意見とは違う」という態度をとったら、「この人は全然わかってくれない」と思われてしまいます。

相手との関係をよくしながらこちらの意見を伝えるためにこそ、共感ファーストが大切だということを、ぜひ考えてみてください。

5
コミュニケーションのポイント
まず相手の気持ちに共感を示せれば、意見に同意しなくてもうまくいく

職場で発揮させたい「共同体感覚」

アドラー心理学で大切にしていることばに**「共同体感覚」**があります。自分のことばかり考えずに、だれかの利益も考えて日々を過ごしてみたり、自分のことも大切にしつつ、人のためにもなにかできるかなと考えてみたりする、という思いです。

どしゃ降りの雨のなか、女の子が野良犬に傘を差し出しているイラスト（左ページ）を見てください。野良犬は「ありがとう」とは言ってくれないし、自分の犬ではないから助けなくてもいいけれど、目の前のこの犬も雨から守ってあげよう、そんな気持ちで傘を差し出す——これが共同体感覚のわかりやすいイメージです。**「理由を問わず、だれかのために、なにかをしようという気持ち」**とも言えます。

職場で少しの共同体感覚を発揮してみてください。へこんでいる後輩の前を通り過ぎるだけではなく、ちょっと声をかけてみましょう。家庭で忙しそうにしている奥さんに対して、「なにかできることはある?」と伝えてみるのもいいでしょう。そういう感覚をもてるようになってくると、ちょっとずつ相手もなにかを返してくれるようになり、お互い様の**協調精神**が生まれてきます。

「共同体感覚」のわかりやすいイメージ

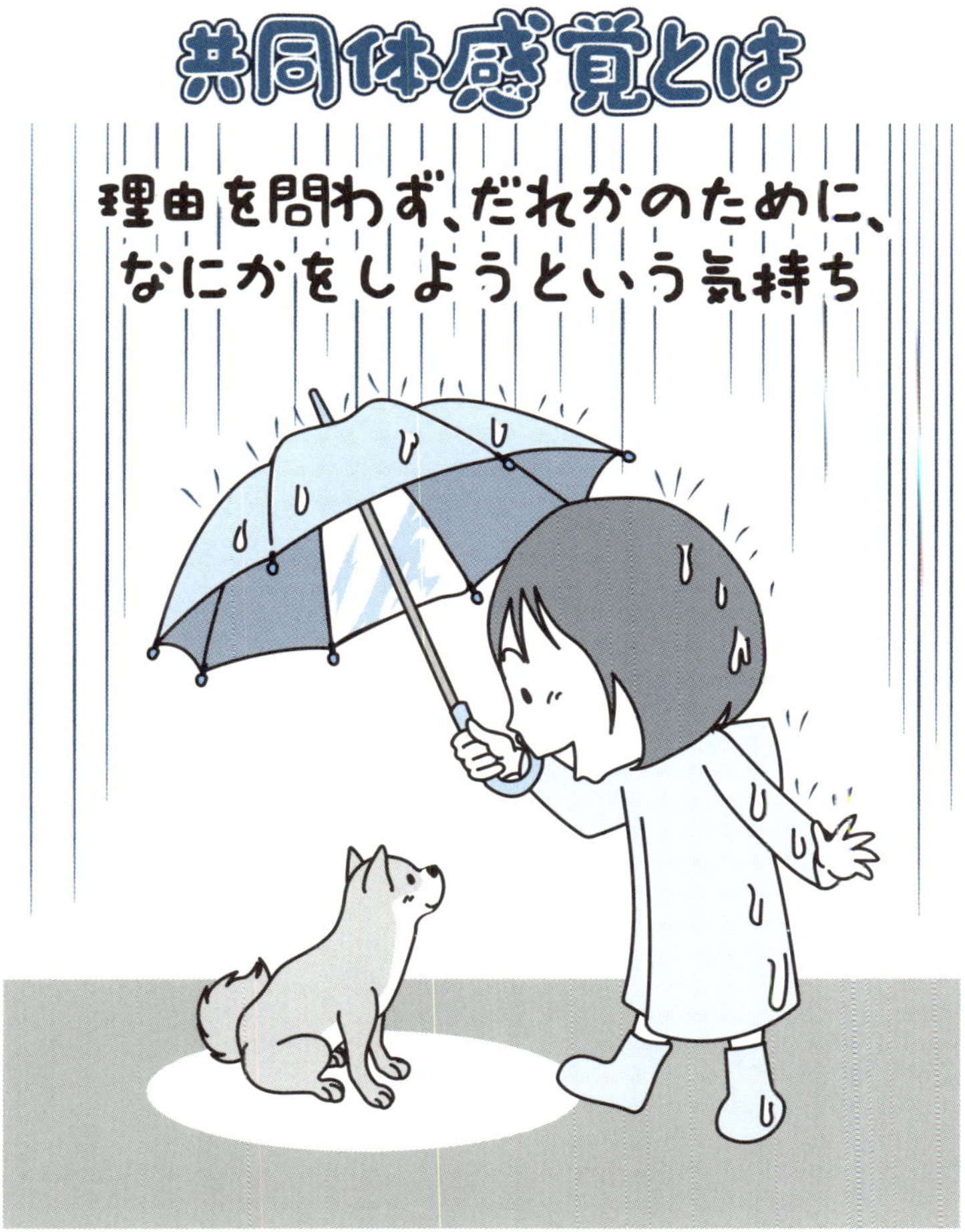
共同体感覚とは
理由を問わず、だれかのために、
なにかをしようという気持ち

group work

家庭と職場のどんな場面で「共同体感覚」を発揮できるか、発表してみましょう。

——部下にささいなことでも「ありがとう」と、口に出していこうと思います。感謝は、「共同体感覚」を育む最も大切な感情です。ぜひ意識してやってみてください。（男性）

——子どもの宿題をみてあげる。妻にはおみやげを買って帰る。（男性）心のこもったギフト、いいですね。「下心」がないことがポイントですね。

——自分がすごく忙しいときでも、部下が相談にきたら、自分の手を止めて相手の言葉に耳を傾ける。（男性）部下も「自分は大切にされているな」と感じられると思います。

——「ママ時間」が欲しいのですが、まずは「パパ時間」をつくってあげる。（女性）ママが気持ちをくみ取って「パパ時間」をつくると言ってくれたら、パパはとてもうれしいと思います。それがいつか、「ママ時間」も必要だよねと返ってくるかもしれません。

――ずっと「ママ時間」についてスルーされ続けると、自分がすり減ってしまいますが、そんなときはどうしたらいいですか？（女性）

いい質問ですね。自己犠牲をともなうくらいならやめましょう。ここで大切なのは、適切な程度の期待です。75ページの野良犬のイラストと一緒で、見返りを求めない気持ちと行為です。

ここで少し話を深めてみたいんですが、これは結局、パパを信頼しているかどうかということにつながっていきます。自分が「パパ時間」を差し出したときに、「この人は受け取るだけで返してくれないのではないか」という目で相手を見るか、「結果はどうあれ、パパはきっと感謝で受け止めてくれる」と信じるかどうか、ここが悩みどころだと思います。

人を信じるというのは難しいですね。でも、こうして「共同体感覚」について考えていくと、他者からの見返りを求めないということがどういうことか、少しわかってくると思います。職場でも、部下やお客様を信頼するにはどうしたらいいでしょうか。ぜひいちど、じっくり考えてみてもらえたらうれしいです。

ちなみに「ママ時間」について、もしダンナさんに気づいてもらえないときは、怒りで訴えるのではなく、「今度は『ママ時間』もちょうだい」と、ことばで素直に伝えられるといいですね。

――家に帰る前に、「買って帰るものはあるかな？　おむつは足りてる？」と聞きます。帰り道でのことなので、すり減ることなく、できるかなと思います。（男性）

ちょっとした気遣いですね。それを、ちょっとしたことだからはしょるのか、生活に取り入れてみるかの違いだと思います。「パパは仕事の帰り道でも、わたしたちのことを考えてくれている」と思えたら、ママはすごくうれしいですよね。

――まだ入社したばかりで仕事が少なく、余剰時間があるので、お手伝いできることがないか、周囲に聞いてみたいと思います。（女性）

「新人だから」と思って黙っているか、「新人の自分でもなにか役に立てることがあるかもしれない」と声をかけるか、という2つの選択肢があります。「共同体感覚」は、「不完全な自分だけれど、きっと自分にはなにかをできる価値がある」と信じることです。自分自身への信頼、これが最も大切な前提になります。

「共同体感覚」を発揮するには、心の余裕が必要です。手いっぱいだとなかなかできないし、自己犠牲の精神だと、心も体もすり減ってしまいます。そうすると相手に怒りの感情を出してしまうなど、悪循環に陥っていきます。

だからこそ、自分の気持ちと時間に余裕をもつことを諦めないでください。時間という資源を大切にし、「共同体感覚」を意識しながら、自分には価値があり、お互い様で貢献し合うという好循環をつくり出していく、これが「アドラー式働き方改革」です。

部下をリスペクトしよう

「アドラー的価値観」のなかの「相互尊敬」について、「尊敬」ということばは日本語だと誤解をまねきやすいので、少し補足説明をしておきます。

日本語の尊敬には、「目上の人を敬う」というイメージがあるのですが、ここでいう尊敬は、英語の「respect（リスペクト）」のことで、re（なんども）＋spect（視線を向けて注目する）という意味になります。「子どもを尊敬する」というと、日本語では少し違和感がありますよね。**「子どもをリスペクトする」というのは、「いつもあなたのことを見ています」という意味です。**

エーリッヒ・フロム（1900-1980）というドイツの社会心理学者がいます。『愛するということ』という世界的ベストセラーを書いた人ですが、その書籍のなかで彼は、「respect」ということばを次のように定義しています。

「人間のありのままの姿をみて、その人が唯一無二の存在であることを知る能力のことである」（新訳版／鈴木晶訳／紀伊國屋書店）

ここに、**「ありのまま」**ということばが出てきます。**親の期待に応えることができてい**

るか、できていないか、部下としてノルマを達成しているか、していないかにかかわらず、ありのままのその人を受け入れられているかどうか、ということです。

これは、「共感」とほとんど同じです。共感とは「相手の目で見、相手の耳で聴き、相手の心で感じる」ことで、自分の価値観を消し去って、相手に憑依するイメージだと説明しました。尊敬は、相手をありのままで受け入れるということですし、共感は、相手を自分の価値観でよい、悪いと判断するのではなく、「あなたはそう思うんですね」と感じることです。

尊敬と共感は、日本語ではあまり似ていると感じないかもしれませんが、部下や子どもを尊敬するというのは、つまり、共感的にかかわるということなのです。

「信頼」と「信用」は全然違う

「共同体感覚」のところで、パートナーを信頼するかどうかという話が出ました。**「信頼」は無条件です。一方、「信用」は条件付きです。**

子どもがゲームで遊ぶことについてルールを設定する、ということは、どこの家庭にもあると思います。しかし、1時間だけとルールを決めたのに、結局、子どもは2時間もやっていたり、「1時間でやめたよ!」とうそをついたりします。そんなとき、「約束を破ったから、ゲームを取り上げるよ」という対応をしてしまいがちです。これが条件付きの信用で、よくあるやり方だと思います。

無条件の信頼を示すというのは、親としてはちょっと怖いのですが、次のようなイメージです。まずは「約束を守ってくれなくて、パパはすごく残念だよ」と、怒りではなく一次感情をことばで伝えます ↓54ページ。そのうえで腹を決めて、「でも君は、いつかちゃんとパパとの約束や、友達との約束、先生との約束を守れる人になると信じているから、パパはもういちど、ゲームを渡すね」と言います。**取り上げるのではなく、むしろ渡してみるんです。**

子どもの気持ちになって考えてみてください。自分はうそをついた、でも自分のことを信頼して、もういちどチャンスをくれた——どんな気持ちがしますか。こんなに自分を信頼してくれるなら、その信頼に報いたいと思いますよね。人から信じてもらうことのうれしさや優しさ、あるいは、それを裏切ったらお互いがどんな気持ちになるか、ということを学ぶのではないでしょうか。

約束を破ったときに罰を与える、これが今までの子育て法です。でもこれは、家庭編でお伝えした「叱る」と同じことです。**叱って罰して覚えさせるよりも、もういちどチャン**

スを与えるというやり方で、「二度と自分はうそをつかない、約束を破らないぞ」ということを、子どもが自分で覚えられる子育て法に取り組んでみてほしいのです。

人は10歳くらいまでのさまざまな経験を通して、自分はこういう人格・性格でいこうと決めていきます。わたしはがんばり屋さんタイプでいこう、僕は失敗しないように慎重派でいこう、それともおちゃらけタイプかな、マイペースタイプかな、欲張りタイプかな、と選んでいくわけです。親とのかかわり方や友達との付き合い、あの日言われた心に刺さることば、などが影響しながら、自ら決めていくのですが、そのとき、これまで「信頼」されてきたかどうかが、人格・性格を決めるにあたってとても大切になります。

ゲームを取り上げられ、条件をクリアしたときだけＯＫで、それ以外はダメだと、いつも自分に対する不信を前提に自己を形成していくのか、あるいは、ゲームを返してもらい、自分は信頼に足る人間なんだという経験を通して、失敗、チャレンジを繰り返しながら学び、自立し成長していくのか――。

部下も子どもと同じです。不信目線で見られているか、信頼目線でチャンスを与えられているか、どちらがやる気が出るだろうかと考えてみてください。部下が期限までに仕事を仕上げられなかったとき、「もう、おまえには頼まない」と言うよりも、「今回は、がんばったけれど難しかったな。その失敗を糧に、もういちどがんばってくれるか?」と伝えてみましょう。

「信頼」と「信用」ということばは、あまり区別されずに使われていますが、じつはそれくらい違うんです。

ここまで、アドラー的価値観について説明してきましたが、このような形で、尊敬、信頼、協調精神、共感というのは、お互いが重なり合っていることがわかると思います。

コミュニケーションのポイント 6

無条件の信頼は少し怖いけれど、腹を決めてチャンスを与えよう

仕事で「無条件の信頼」は難しい?

アドラー心理学に関して、もうひとつ伝えたいことがあります。わたしも明確な答えをもっていない話なので、ぜひみなさんも考えてみてください。

アドラー心理学では、わたしたちが普段思い悩む課題（タスク）を、大きく3つに分類しています。「愛のタスク」は親子間やパートナーとの関係、つまり家族の課題です。「交友のタスク」は、友達や知り合いとの関係、「仕事のタスク」は職場での人間関係です。この3つは、**難易度としては仕事のタスクのほうが簡単で、愛のタスクのほうが難しいといわれています。**

仕事で大変なことはあるけれど、勤務時間を終えて職場を出れば、腹の立つ上司のことを忘れることもできますし、転職することも可能です。愛、つまり家庭でのことは、パートナーや子どもとは離れられない関係や絆《きずな》で結ばれていて、困難なことがあった場合、それは大きく人生にかかわってきます。仕事のほうが難しいという人もいるかもしれませんが、通常は愛のほうが難しいと思います。ここまでがアドラーの言っていることです。

一方、ここからが考えてほしいことなのですが、「無条件の信頼」については、家族のほうが難しいでしょうか。それとも、仕事のほうが難しいでしょうか。

これまで聞いたなかでは、家族のほうが一緒にいる時間が長く、親密度も高いので、信頼しやすいという意見がありました。また、家族のなかでお互いの関係がこじれてしまった場合は、もう二度と信頼できないという人もいます。一方、仕事ではノルマや納期、金銭などが関係してくるため、やっぱり無条件では信頼できないという意見もあれば、家族より責任は重くないため、信頼しやすいし、なにかあったときにリカバリーする方法もある、という考えもありました。

わたしの意見では、仕事のほうが難しいと仮説を立ててみていますが、いろいろな意見があると思います。時と場合によっても違うかもしれませんね。

みんな、信用と信頼の両方をやり繰りしながら生きていて、どちらか一方だけ、ということはないんです。「設定した条件をクリアできなかったから、もう二度と信じない」とするのか、「無条件で信頼して裏切られたけれど、そもそも見返りを求めていないから、もういちど信じる」のか、もしくは「クタクタだから、もうやめる」のか——このあたりの判断は微妙なところで、考え続けても答えは出ませんが、これが人生というものなのかもしれません。わたし自身も偉そうに話していますが、いつも目の前の人に対して、「信用か、信頼か」を考え続けながら、生きています。

ライフタスクと無条件の信頼、どちらが難しい？

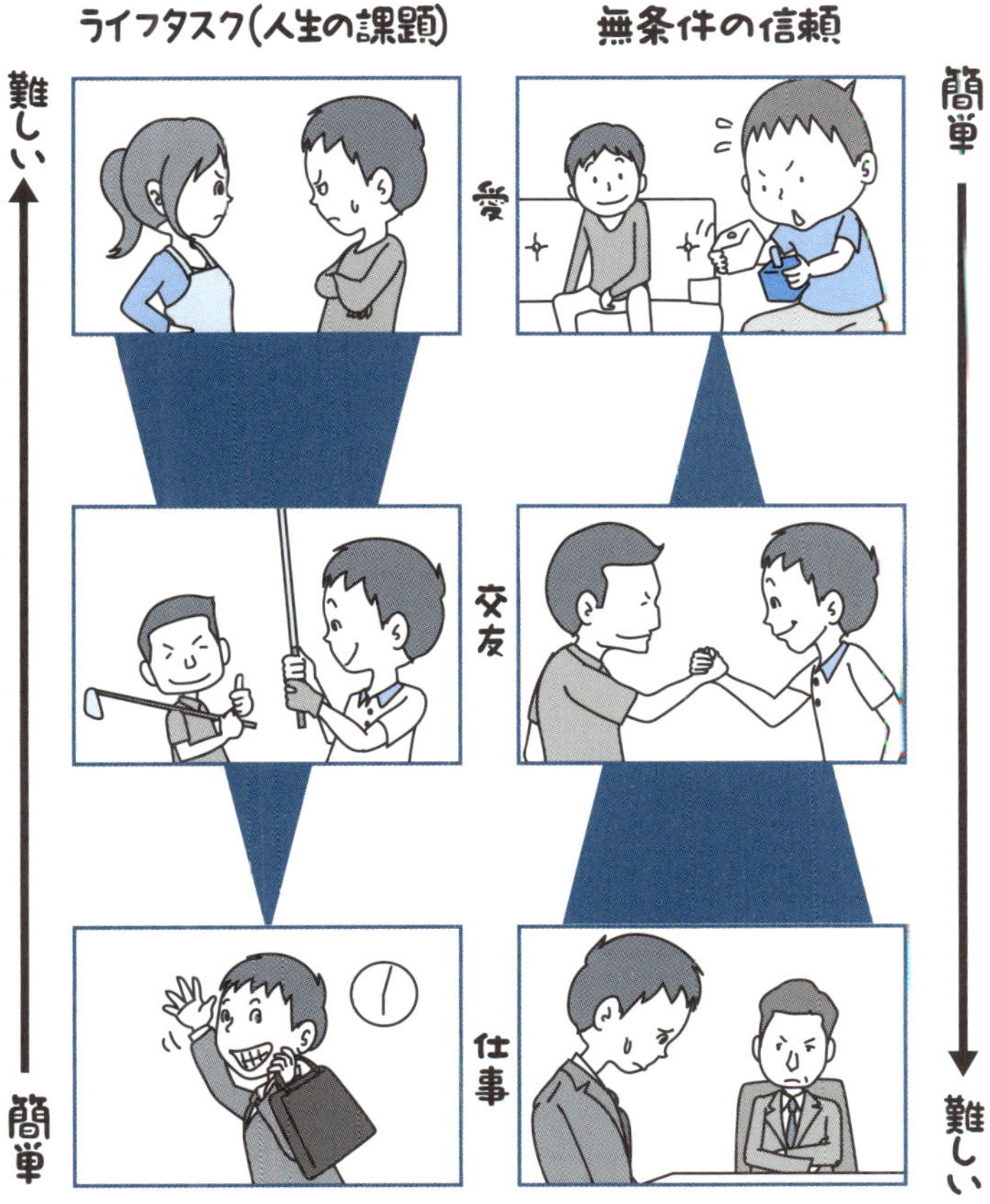

山本五十六の名言は
アドラーの教えに通じる

第二次世界大戦のときの連合艦隊司令長官・山本五十六《いそろく》のことばをご紹介します。一般的には「ほめてやらねば、人は動かじ」のフレーズが有名なのですが、じつは、このことばには続きがあります。

山本五十六は旧日本海軍の偉い人で、軍隊というのは超タテ型の体育会系の組織です。そんな人が、人を動かすためには3つのステージがある、と言っています。

1つ目が「やってみせ、言って聞かせて、させてみて、ほめてやらねば、人は動かじ」。いちばん有名なフレーズですね。つまり、「部下を動かす」だけならば、教えたり、ほめたりすることも有効かもしれないと言っています。だけど海軍ですから、船は一隻一隻、海のどこか遠くにいます。通信手段も限られているし、それぞれの船が目標に向かって自立的に動いてもらわなければなりません。

2つ目のフレーズが、「話し合い、耳を傾け、承認し、任せてやらねば、人は育たず」。

山本五十六が語った部下育成のポイント

やってみせ、
言って聞かせて、させてみて、
ほめてやらねば、人は動かじ。
話し合い、耳を傾け、承認し、
任せてやらねば、人は育たず。
やっている、姿を感謝で見守って、
信頼せねば、人は実らず。

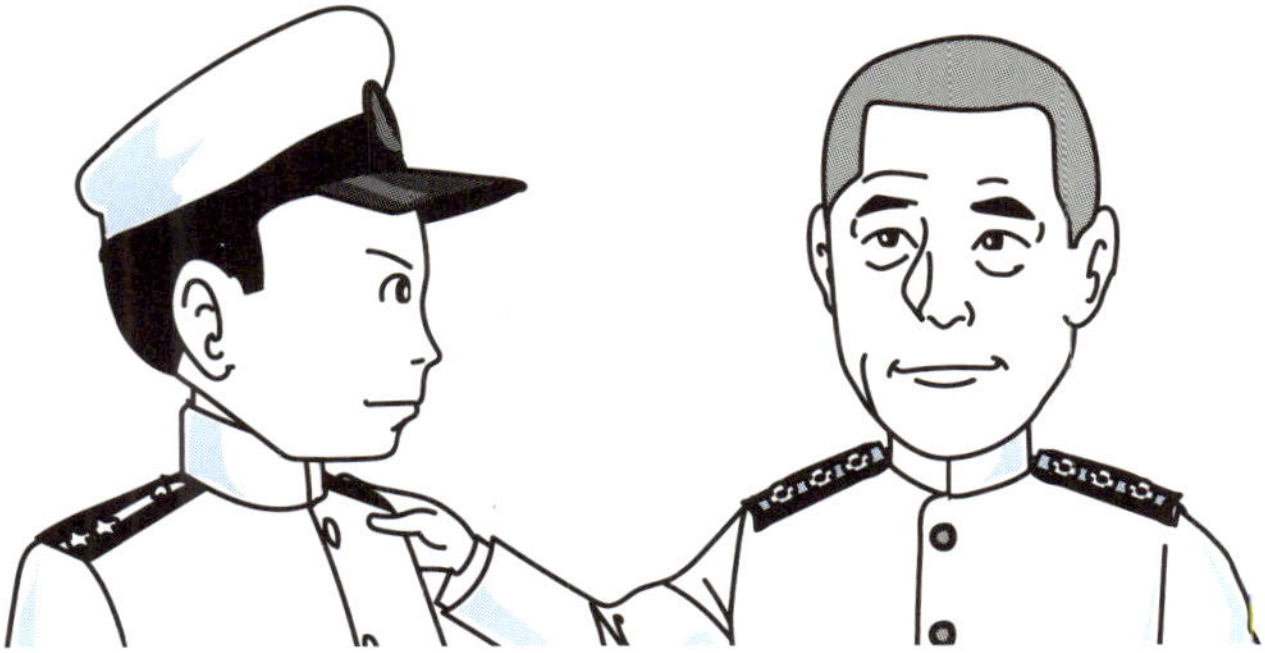

五十六は、「部下を育てる」ためには「共感」し、「承認」し、「任せる」ことが必要だと考えました。

そして3つ目のフレーズが、「やっている、姿を感謝で見守って、信頼せねば、人は実らず」。部下が次世代を担う逸材へと育つために最も大切なのは、「感謝」と「信頼」だと言っています。ここを「信用せねば」と言っていないところが、すばらしいと思います。

歴史上、最も厳しい時代に日本を支えたリーダーも、アドラーと同じような考えにたどり着いていているんですね。

グーグルがたどり着いた「心理的安全性」とは

グーグル社には、世界中から優秀な人材が押し寄せます。そのなかでもとくに優れた人を選定し、採用する仕組みを人事部はつくったはずなのに、意外とサービスのヒット率が高くないことに気づきました。それはなぜなのか。こうして2012年に立ち上がったのが「プロジェクト・アリストテレス」です。

組織心理学や社会学の専門家なども交え、「おそらくリーダーシップに課題がある」と考えて、やはり強いリーダーがいいのか、それとも支えるリーダーがいいのか、とさまざまな角度から検証を行いました。ところが、リーダーシップのスタイルによるチームの生産性の高低には、統計的に有意な差はみられませんでした。唯一、目に見えて差が出たのは、**「心理的安全性」**です。「心理的安全性」とは、「社員ひとりひとりが会社で本来の自分をさらけ出すことができること」、そして、「それを受け入れることができるチームであること」をさします。**チーム内での他者への心遣い、共感、理解力を醸成すること**が、ほかのポイントに比べて、チームの生産性を高めるうえで統計的に有意な差が出るほどの効果がある、ということがわかりました。

「Great Place To Work」は、世界50か国で職場の働きがいを調査している専門団体です。その団体が、**国の文化や会社の大きさなどにかかわらず、『信頼』に満ちた環境で、ひとつのチームや家族のように働く」ことが働きがいにとって重要である、**ということに定性的リサーチからたどり着いています。

この2つの例から言えることは、**信頼されて、裁かれることのない安心・安全な環境にいることが、失敗を恐れずに勇気をもって、自分の能力を最大限に発揮できる**ということです。

「自分をよく見せる必要がない会社」は組織として強い

『なぜ弱さを見せあえる組織が強いのか』という本をご紹介します。逆説的なタイトルですが、ここまで学んできたみなさんであれば、もう当たり前のことと感じられると思います。アドラー心理学の本ではないのですが、書いてあることは似ています。

組織のなかでの、お金にならない「もうひとつの仕事」とはなにか――**自分をよく見せようとしたり、評価を下げたくないと思うあまり失敗や弱点を隠したりしてしまうことです。**また、**問題を感じていても、組織の上下関係や肩書きが気になって指摘できず、本質的な問題解決ができないことがあります。**このマイナスに使っているエネルギーをプラスに転換できたら、「本来の自分」の力を発揮できるのではないでしょうか。

日本ではさまざまな企業による、自動車の燃費や建物の耐震性の改ざんなどの事件が起こっています。おそらく、タテ型の組織で間違いを許されない風土だと、こういうことが起こってしまうのでしょう。その結果、多額の損失を出し、社会からの信頼を失い、優秀な人材も事後処理に浪費されていきます。

お互いの違いや弱さを認め合うことが、これからの組織には必要なのですね。

「アドラー的価値観」に通じるビジネス書 1

なぜ弱さを見せあえる組織が強いのか

すべての人が自己変革に取り組む「発達指向型組織」をつくる

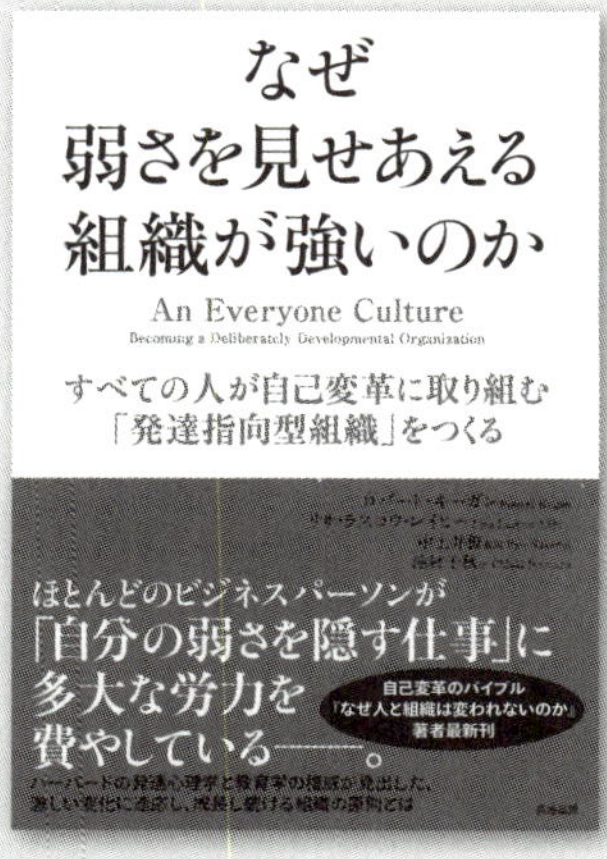

ロバート・キーガン、リサ・ラスコウ・レイヒー 著

中土井 僚 監訳、池村千秋 訳

英治出版／2017年発行

自分を勇気づけ、他者を勇気づける組織文化をもち、世界的に成功している企業を紹介

「社員の幸福を追求する会社」は業績が伸びる

次に、慶應義塾大学大学院の「幸せ研究」の第一人者、前野隆司《たかし》先生らが書いた『幸福学×経営学』をご紹介します。前野先生はもともとキヤノンで「ロボットに心をのせる研究」に従事していた方で、「幸せとはなにか?」を科学の力で解明しようとしています。

前野先生が、人が幸せを感じるためには、次の4つの因子があるということを、この本のなかでデータから定量的に解析しています。アドラー心理学が言っていることと近いですよね。

- やってみよう因子（チャレンジ、勇気）
- ありがとう因子（感謝でつながる）
- なんとかなる因子（前向きに挑戦を恐れない）
- あなたらしく因子（自分らしさを生かす）

※カッコ内は著者による補足

この本のなかでは、「社員の幸せを追求したほうが会社の業績を伸ばすことができる」ということが、多数の事例をもとに紹介されていて、これからの時代の企業モデルとして、とても参考になると思います。

「アドラー的価値観」に通じるビジネス書 2

幸福学×経営学

次世代日本型組織が世界を変える

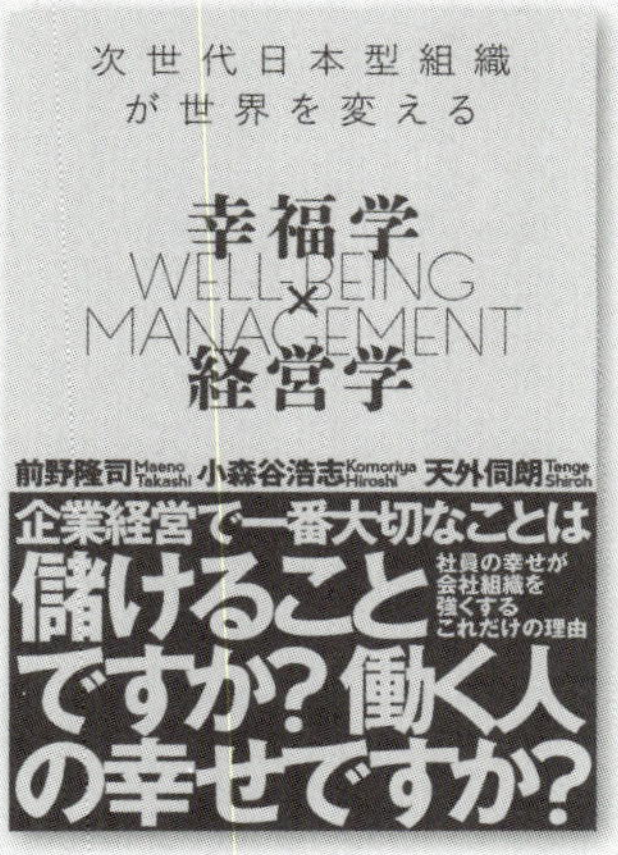

前野隆司、小森谷浩志、天外伺朗 著
内外出版社／2018年発行

社員の幸せのためには
「やってみよう」「ありがとう」「なんとかなる」「あなたらしく」
の４つが重要と分析

「社員の『存在』を無条件に信頼する会社」では社員が成長する

「共感」は「同意」とは違うという話をしました↓72ページ。とはいえ、部下や子どもに注意や改善してほしいことを強く伝えねばならない場面も出てきます。じつはアドラー心理学では、そういうことをしてはいけないとは言っていません。むしろ、**かなりドライに、嫌われることを恐れることなく、臆せずに伝えることが大切だ**と言っています。ただし、その前に**「存在と行為」を分けることが必要だ**と教えています。

「あなたの存在自体は、そのままを受け入れる」、ここまでは共感と同じです。ただし、**「あなたの行為に関しては、直してほしいことがある」**と、切り分けるのです。お兄ちゃんとしての存在は100％認めているけれど、弟に暴力を振るう行為は直してほしい――お兄ちゃんと暴力を分けて考える、罪を憎んで人を憎まず、そういうイメージです。

ここで、ビジネスコンサルなどを行っている小倉広さんの著書**『もしアドラーが上司だったら』**をご紹介します。うだつの上がらない青年が、「アドラー的価値観」を実践する上司のもとで勇気づけられながら、営業マンとして成長していく物語です。小説ふうで、楽しく読めます。

「アドラー的価値観」に通じるビジネス書 3

もしアドラーが上司だったら

小倉広著
プレジデント社／2017年発行

ある営業マンと上司の物語を追いながら、
アドラー心理学を職場で実践するためのコツを学べる

この本に出てくるのが、「**存在価値**（Being＝あり方）」と「**機能価値**（Doing＝やり方）」という考え方です。会社なので、部下を評価するときは、その行為、つまり機能価値について冷静に判断します。でも、あなたという存在自体には引き続き１００％、無条件の信頼をします、ということが書かれています。

部下の「存在」を否定してはいけない

「野球で三振した、ホームランを打てた」「営業のノルマを超えた、超えなかった」と、機能価値は変動しますが、その土台となる存在には、そのままで価値があります。**部下や子どもが十分な存在価値を感じられていれば、機能価値が多少振るわないときがあっても、ブレずにいられます。**しかし、「自分はダメなんじゃないか」と存在価値に不安をもっている人や、親や上司から自分の「存在」を否定されるような接し方をされてきた人は、かりに機能価値の調子がよいときも「もっともっとがんばらないと、認められない」と、いつもグラついてしまいます。

存在価値と機能価値、この使い分けができるようになってくると、どんな場面でも、とてもよい人間関係が築けるようになります。

「存在価値」と「機能価値」の違いを理解しよう

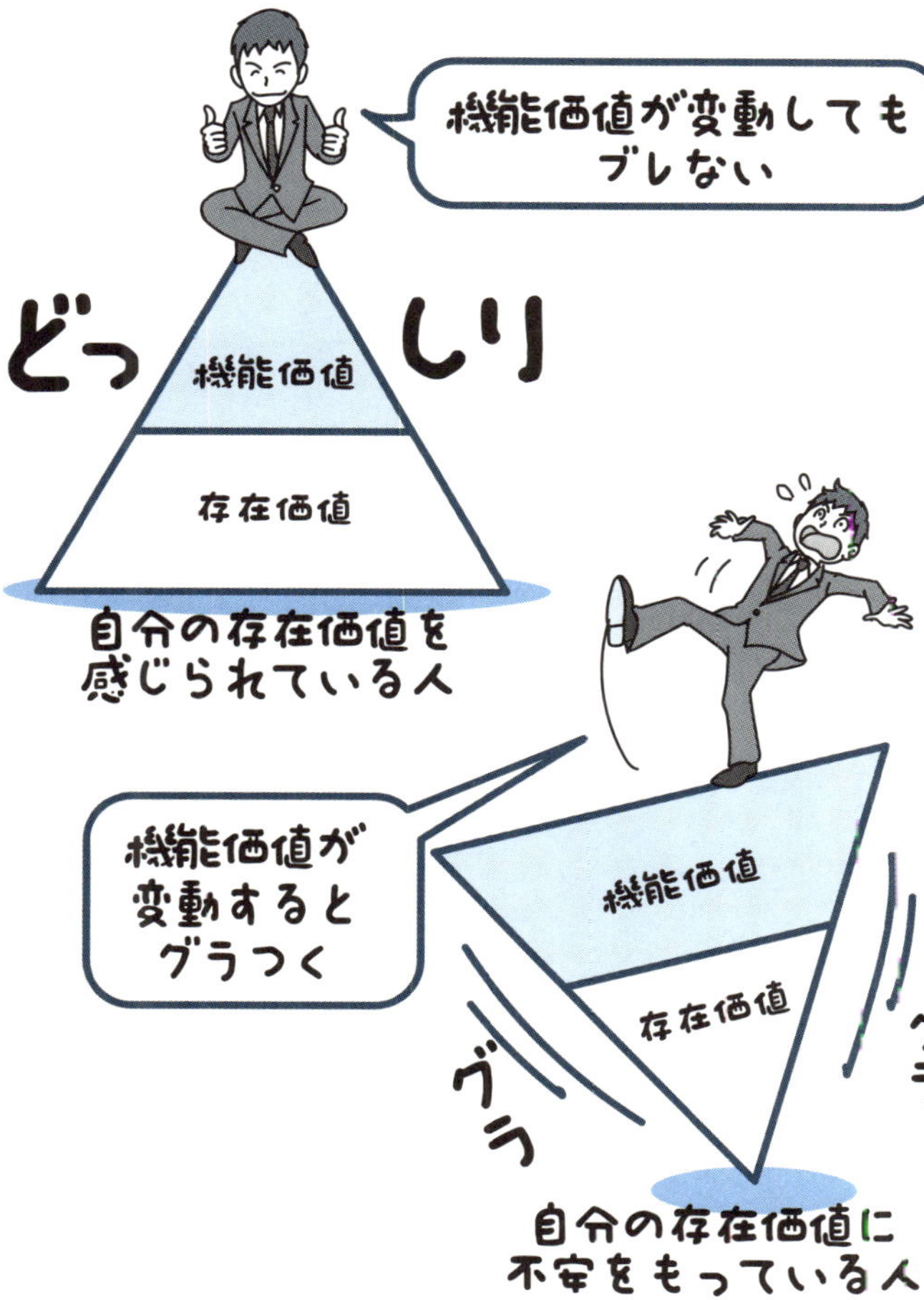

まとめ　「幸せ」とはつまり……

最後にもういちど、アドラー心理学の「幸せの3条件」についておさらいします。

1つ目は「自己受容」。自分の弱さを否定するのではなく、それも含めてすべてにOKを出すことです。これを「不完全な自分を受け入れる勇気」ともいいます。等身大の自分を認めている人だけが、本来の自分の力を発揮することができ、他者と本音で付き合うことができます。

2つ目は「他者信頼」。この人は見返りをくれないのではないか、わたしのことを裏切るのではないかという不信の目で見るのではなく、かりに期待に応えてもらえないことがあっても、まずは信頼してみよう、という思いで人と関係を結ぶことです。「他人の不完全な部分を受け入れる勇気」ともいえます。

極端なことを言えば、仕事は条件付きの「信用」だけでも進めることはできます。ただし、それでは言われたことをそのまま返すというような、機械的で想定内の成果しか手に入れることはできないでしょう。無条件に「信頼」し、任せ、挑戦してみたその先に、大きなやりがいと成果、さらなる成長が待っています。

そして3つ目は「他者貢献」。「こんなにやってあげてるのに」という自己犠牲の意識

アドラー心理学　「幸せの3条件」

ではなく、自分ができることを、ただ差し出し、役に立とうとすることです。**人の喜びとは、「自分自身が価値ある存在である」と思えることですが、その思いは人に貢献することで育ちます。**

この3つがそろうことで、自分も他者も勇気づけられるようになります。お互いが信頼し合える安心・安全な環境のなかで、ありのままを認め合い、助け合いましょう。すると職場は「幸せ」をベースとした自走組織となり、時間や余裕も生まれ、新しいことにもチャレンジしていけます。家庭も同じで、みんなが「精神的な自立」を果たしながら、それぞれの幸せへと向かっていくことができるでしょう。**職場と家庭、両方を高め合い、さらにハッピーになっていく――これが「アドラー式働き方改革」です。**

最後に、この研修が実りあるものになったのは、参加したみなさんに貢献してもらえたおかげです。マイクを向けると真剣に考え、返事をしてもらい、それが、ほかのみなさんの学びへとつながっていきました。これが**「共同体感覚」**です。たくさんのお悩みやお考えをご開陳してくれたことに感謝します。また、お互いに感謝し合いましょう。

マイケースシート

第2章を振り返り、気づきを記入してみましょう。
会社または部署単位で取り組み、上司にも記入してもらえると、より効果的です。

所属：　　　　　　氏名：

研修時記入

1　第2章を読んで、気づいたことはなんですか？

2　気づいたことを実践するとしたら？	スタート	ストップ	コンティニュー
1 どのような場面で			
2 だれに対して			
3 どのように行動する or しない			

上司記入

3　上司からの勇気づけコメント	
支援したいこと	
アドバイスやお願いしたいこと	

実践後記入

4　実践後の振り返り	スタート	ストップ	コンティニュー
評価 ◎○△×			
振り返りコメント、気づいた点			

◎自然に実践できた　○少し不自然だが、自覚的に実践できた
△あまり自覚的に実践できなかった　×自覚的に実践できなかった

フォローアップ座談会

研修に参加後、マイケースシート→103ページに「スタート（始めたいこと）」「ストップ（やめようと思うこと）」「コンティニュー（続けたいこと）」を書いてもらいました。そして2か月後、研修参加者のうち8名が集まり、進捗について意見交換する座談会が行われました。

座談会メンバー

Aさん　40代女性／3歳女子のママ
Bさん　40代女性／13歳男子のママ
Cさん　30代男性／既婚
Dさん　40代女性／既婚
Eさん　40代女性／9歳男子、5歳女子、1歳男子のママ
Fさん　40代男性／13歳女子、11歳女子のパパ
Gさん　30代男性／3歳男子のパパ
Hさん　40代男性／3歳男子のパパ

※色文字は男性、**黒文字**は女性を表す

職場での「教えすぎ」をやめられない

Aさん　「スタート」として、「毎朝、子どもに服を選ばせる」ことを始めました。3歳の娘も喜んで取り組んでいます。

熊野　子どもの自主性を育むのに効果的ですし、取り組みやすい方法ですね。

Aさん　「ストップ」は、「子どもにも部下にも、答えを教えすぎない」と書きました。でも、日ごろは忘れてしまって、あまり実践できていないです。

熊野　研修のとき、どうしてこれを書いたか覚えていますか？

Aさん　やっぱり自分で考えて出した結論じゃないと、責任をもてず継続して取り組んでもらえないんだろうなと思ったからです。でも、子どもには考える時間を待ってあげられるようになってきたかな。

熊野　Aさんにとっては、子どもに対してよりも、仕事のほうが難しかったんですね。なぜだと思いますか？

Aさん　部下からは思ったような答えが返ってこないし、忙しいから早く仕事を進めたくて、つい教えてしまいますね。相手が大人だから、子どもほど待てないのかも。

Bさん 研修のあと、わたしも同じ目標を書いたのですが、全然直っていないことに今、気がつきました。家庭でも職場でも、口出ししまくりです（笑）。

熊野 こういった「教えすぎ」を**オーバー・ティーチング**といいます。とくに仕事で納期が迫っていると、やってしまいがちですが、ほかの方、なにかご意見はありますか？

Cさん わたしは「ストップ」として、「『ほめる・叱る』でコントロールするのをやめる」と決めたのですが、その副次的な効果として、いい意味であまり期待しすぎることがなくなりました。同時に、「ほめる・叱る」で人のモチベーションを左右しようとするのは、おこがましいことだな、と感じるようになりました。

熊野 **つい手や口が出るのも、ほめたり叱ったりするのも、他者を自分の思いどおりにし**

たいという意味で、結局は一緒です。「よかれ」という気持ちがあるだけに、気をつけたいですね。いつも自分を客観的にみて、「操作したいという下心をもっていないか」を注意しながら、「ほめない、叱らない、教えすぎない」と、3点セットで念仏のように唱えてみるといいかも。

Bさん　なるほど！　それ、標語にしたいくらいです。

熊野　結局、期待と現実のギャップに耐えきれなくなってしまうんです。この期待値のコントロールが難しいところだと思います。

Dさん　「もう人には期待しない」と決めちゃうのはどうでしょう。あ、それだと自分で抱えちゃうか。

熊野　ネガティブな意味での諦めではなく、Cさんのように、いい意味で期待値を下げるというのは、相手を変えることなく、自分でコントロールできることですから、ぜひやってみてほしいです。

「正解のイメージ」を事前にすり合わせよう

熊野　Aさんの話に戻りますが、教えすぎはよくないと理屈ではわかっていても、まだ

〝腹落ち〟していないという感じですよね。

Aさん そうですね。わたしの考えが絶対に正しいわけじゃないのに、わたしのほうが経験があるから、それを押し通したくなります。

熊野 Aさんの意見は、いつもチームのなかで対立しているんですか？

Aさん 対立はしないのですが、「こうしたほうがいいんじゃやない？」といつも言ってしまいます。それに、相手から工夫や「こうしたい」という意見が出てこないときが多いから、「わたしの意見が正解」と、より思ってしまいます。

Eさん わたしの経験だと、チームのなかで「これが正解」と言われてやってきたのに、結局、正解ではなかったということはよくあります。そんなときは、指示を出した人のせいにしたくなります。やっぱり主体性や責任感をもてなくなると思いますね。

Dさん ひとつの案として、正解を押し付けたくなる前に、丸投げしてみて全部考えさせるというのはどうでしょうか？

Aさん 丸投げすると仕事が止まっちゃうか、工夫のないものが出てきちゃう気がします。

Fさん 今、話を聞いていて、わが家での洗濯物のことを思い出しました。洗濯物はこうやってきれいに干して、畳んで、収納する、という家庭のルールがありますよね。そこの品質基準を夫婦で合意できていないと、すれ違いが起こります。うちの場合は、僕が「しわも出ていないし、乾いているし、このくらいでいいじゃない」と思っていると、熟練しているヨメさんによく怒られます（苦笑）。

Aさん　事前の品質基準のすり合わせができていないのかぁ。確かに、そこは足りていないと思いますね。

Fさん　ヨメさんに怒られると、「じゃあ、言われたとおりにしかやらねえ」という気持ちになって、それ以上を工夫をするのもやめようと思ってしまいますね（苦笑）。

熊野　相手から工夫した意見が出てこなくてもどかしい、という裏には、**こちらから意見を出しすぎていたり、「どうせ工夫しないだろう」と決めつけすぎていたりするから、**ということもあるかもしれませんね。

Aさん　そうですね。なにも言わないと思ったものは出てこないけれど、始める前にお互いの「正解のイメージ」をすり合わせてみることは、できるかもしれない。

熊野　そうすれば、あとからもめることも、「自分が正解だ」と考えを押し付けることも、減るかもしれませんね。

Aさん　研修で学んだ「信じて見守る」↓38ページというのは、仕事としては〝手戻り〟も多くてもどかしい気がしていましたが、期待値について、先にもっと話し合いをすればいいんですね。

立場が上の人は「聴く」姿勢を明確にしてほしい

Gさん　わたしは「ストップ」として、職場で、部下の提出物が思っていたものと違っていても、極力否定しないよう、言葉遣いに気をつけるようにしました。相手の意見も認めたうえで、自分の意見も上手に伝えられるよう、トライ＆エラー中です。

熊野　いきなり否定から入って、それだけで終わりにしないようにしているんですね。

Aさん　言い方を変えるだけでも、押し付け感は減りますよね。

熊野　立場が上の人の発言には力がありますから、それが採用されがちです。でも、いつも上の人の意見が採用されると、部下に「自分の意見を言うのはやめよう」と思われてしまいます。**自分の意見を言うのは最後にしたり、「これは、あくまでわたしの意見なんだけど」と前置きをしたり、かならず「あなたはどう？」と自然に意見を促したりするなど、「聴く」という姿勢を明確にする工夫はできるかもしれないですね。**

Gさん　それに研修のあと、部下を積極的に信頼しようとしてみたら、こちらの意見を伝えることよりも、相手の思いを引き出すことにフォーカスできるようになったと感じていますす。そうすると、やっぱり相手の行動も変わってくるんですよね。

熊野　それはすばらしいですね。ぜひ続けてほしいです。

恥ずかしがらずに感謝を伝えると、信頼が育まれる

Eさん　これまでは、このスタッフは何々ができるから任せようという「信用」で仕事をしてきたなと思いました。それはそれで間違ってはいないのですが、研修後は「やりたい」という意思を伝えてきたら、「じゃあ、やってみて」と信頼で任せる、ということを意識して、接してみました。

熊野　それで、スタッフの仕事への主体性や積極性に変化はありましたか？

Eさん　まだはっきりとはわからないのですが、任せたことに対しては一生懸命やりきろうという姿勢がみえてきています。

熊野　いい傾向ですね。ちなみに、「そのようにみえているよ」ということをスタッフに伝えていますか？

Eさん　「がんばってるね」くらいの声かけはしていますが、わざわざ意識して伝えるということはないですね。

熊野 「がんばってるね」もすばらしいと思います。研修でも話しましたが、少しでも「見てるよ（ポタポタ）」と伝えるのが大事です↓46ページ。もう一歩踏み込んで、「助かってるよ、ありがとう」「おかげで進んでいるよ」と、恥ずかしがらずに感謝を伝えてみるのも、信頼関係を育むのにとてもいいと思います。

ランチコミュニケーションのすすめ

Eさん 「スタート」としては、周囲の人をランチに誘うことを始めてみました。職場に若い人たちが多いので、自分から誘ったほうが行きやすいだろうと思い、声かけしています。「わたしは仕事が楽しくて、大好きなんだよ」ということを話してあげることが「他者貢献」↓100ページかなと思って、取り組んでいます（笑）。

熊野 具体的な行動をとってみて、どんな変化がありましたか？

Eさん わたしの仕事は、普段からたくさんの人とかかわる仕事なのですが、これまでは、コミュニケーションをほとんどチャットで済ませていました。ランチをすることで世間話ができるようになったことと、相手の愚痴にも共感を示せたことで、親密度が上がった気がします。

熊野　その人の顔を見て話す、雰囲気を感じるというのは、信頼関係を結ぶのにとても役に立ちますね。

Eさん　普段仕事中には聞けない、子どもや家庭の話ができたのもうれしいですね。

熊野　そういえば、Fさんもランチのことを書いていましたね。

Fさん　「スタート」として、「若い人たちが心理的安全性↓90ページを感じられるように働きかける」と書きました。ランチに誘うのは以前からけっこうやっていて、席が近い若い子が怒られてへこんでいると、積極的に誘っています。そうすると、「またごちそうしてくださいよ」「こいつの話も聴いてやってください」というふうに、コミュニケーションが広がっていきますね。お財布の許す限り、やっていきたいなと思っています。

熊野　昔からいわれる「同じ釜の飯を食った仲」のように、やっぱり食事をともにするというのは、心の距離を縮めると思います。最近は、社内のコミュニケーション促進のために、ランチ補助を支給している会社もありますね。

事前に話し合う時間をしっかり確保しよう

熊野　Fさんも「ストップ」のところで、「自分の方向性にうまくまとめちゃうのをやめる」と書いていましたね。これもAさんに似ていますが、取り組んでみてどうでしたか？

Fさん　自分ができていないのに、さっきAさんに偉そうに意見を言ってしまったので、反省しているんですけれど……。

Aさん　いえ、むしろFさんのパパとしての奮闘ぶりを聞かせてもらえて、親しみが湧きました（笑）。

Fさん　よかった（笑）。いま僕がスタッフに仕事を任せるとき、イメージのすり合わせに失敗しているのは、「これくらい当たり前にできるだろう」という気持ちがあるのと、「もっと自ら成長してほしい」という期待があるからだと思っています。

Dさん 当たり前のことほど指示をしないし、気がつかない。だからこそ、共感で相手の心で考える、というのが大切になってきますよね。

Fさん 指示すれば、それなりのものは返ってくるんだけど、僕が期待しているのは、デザイナーならデザインだけをやってほしいのではなく、「お客さんとどうコンセンサス（合意）をとって、いいものをつくるか」まで自分で組み立ててほしい。逆に、僕のことをどう使うか、くらい考えてほしいんですよね。そういうところにスタッフの意識をもってくるにはどうしたらいいかを模索しています。

熊野 Fさんは、家庭では洗濯で奥様の期待に応えられない（笑）、一方、職場ではリーダーとして、スタッフを自分の期待に合わせたくなってしまう、という両方の立場を経験し、そこからなにかを学ぼうとしているんですね。

Fさん 家庭と職場での立場、そのどちらにも共通するソリューション（解決法）は、やっぱり、相手に共感・信頼し、心理的安全性を確保しながら、期待するイメージをすり合わせることしかないなと思っています。

熊野 最近、自分のなかでホットなキーワードが**「TTT（Time to Talk）」**です。**事前に話し合う、その時間をしっかり確保すること。それを家庭でも職場でもはしょってしまうから、むしろ〝手戻り〟が出て、なにかと時間がかかっています。**これくらい当たり前という前提や、過度の期待をいちど外して、目ざすべきゴールを一緒につくり上げるということが大切ですね。

「なんで？」は勇気をくじく

Eさん Fさん、洗濯のことを奥さんとすり合わせしていますか？

Fさん それを話すには、ハンカチとお酒が必要です（苦笑）。話をしないことはないんですが、なにに関しても、ヨメさんが「自分の考えが正解で、それが当たり前」という気持ちが強すぎて、なかなかその壁を越えられません。だから、勇気がくじかれちゃうことが多いかな。

Aさん そういうときはどうしたらいいんですか？　会社の上司との間でもありそうなことですよね？

熊野 みなさんはどう思いますか？

Bさん そういう場合、わが家では徹底的に議論しますね。「どうして、そう思うの？」「なんで？」と続けます。ダンナは少し怖がっていますけど（笑）。

熊野 議論するのはいいですね。めんどうくさがってなにも話さないよりも、ずっといいです。今、「どうして（Why？）」ということばが出ましたが、相手の思いを聴くときに、詰問になっちゃうと、相手もつらいですよね。「なんでやらないの？」「なんで？　言ったじゃん？」「なんで？」「なんで？」と問い詰められたら、勇気がくじかれてしまいます。そんなときは、**「教えてほしい」というニュアンスで伝えるのがいいです。**英語なら「Why?」より、「How come?」かな。「そう考える経緯を教えてください」という感じで。

Bさん　なるほど、責められているという感じは減りますね。

熊野　結局、だれが相手でも「話し合う」というのが、ソリューションになります。相手が当たり前を押し付けてきても、話す機会を虎視《こし》眈々《たんたん》とねらい、諦めず話し合いを続けましょう。そのとき、**相手を責めたり自己防衛したりせず、信頼して、**

これがいいと思った経緯を教えていただけますか？

素直な気持ちで自らのことを「ご開陳」しましょう。そして、話し合う場も自らがつくってください。**結局、自分から働きかけるしかないんです。**もちろん、「前向きに諦めて、従う」というのも、ひとつの解決法ではあります。

仕事にも応用できる「制限のなかの自由」

Hさん 僕は「スタート」として、「子どもの選択肢を奪わない」と書きました。子どもは3歳の育ちざかりで、いろいろなことをやってみたくなる時期です。先日、僕の工具箱を引っ張り出してきて、中身を全部ひっくり返して、並べ始めたんです。「やめてくれよ」と思ったのですが、ちょっと考えを改めて観察してみました。そうしたら、ドライバーを右回ししたり左回ししたり、いろいろなことを試しながら、「おおっ!」とか言っていました。遊びながら学んでいるんだな、選択肢を奪わずに見守るってこういうことなんだな、と思いました。

熊野 「観察する」というのは、いいことばですね。金づちで手をたたいちゃうとか、どうしても危険なことは止める必要もあるけれど、基本は見守りながら、なにかあったら助ける——**「制限のなかの自由」**→42ページですね。

Hさん　たぶん仕事にも応用できるだろうなと思いました。「スタッフに対しても、こういう見方をすればいいんだ」というのが体感でわかって、うれしかったです。

熊野　これこそ、わたしが伝えたいこと。子どもとのかかわり方が、そのまま仕事へとつながっていく、よい例です。

人を頼るには、まず自分を信頼すること

Dさん　「スタート」として「家庭で、正しく夫に弱音を吐く」、「ストップ」は「仕事をひとりで抱え込まない」と書きました。どちらも、人を頼れない、人に甘えられないという同じ悩みからきています。

熊野　成果はいかがですか？

Dさん　「スタート」のほうは、非常によい成果が出ました。夫婦仲はもともとよかったのですが、週に1回、居酒屋でごはんを食べながらそういう話をしようと決めました。お互いが家にネガティブなことを持ち込まないタイプだったのですが、仕事の失敗を話すようにしたところ、夫も自分の弱みを語ってくれるようになりました。結婚して10年も経つのに知らないこともいっぱいあって、すごく信頼関係が深まった気

がします。

熊野 すばらしい。この研修を上手に使ってくださって、うれしいです。

Dさん でも、「ストップ」はなかなかできずに、また仕事を抱えてしまっています。先輩のBさんに助けられることで、逆に、自分ができないことを痛感しています。

熊野 Bさんから見てどうですか？

Bさん 研修が終わってすぐはできていたんですが、最近また忙しくなってきて、抱え込み始めました。「いいから（仕事を）よこせ！」というふうになっています（苦笑）。

Dさん 人から与えられた仕事を自分が断ることで、自分への信頼が下がるのではないかという恐れがありますね。

Bさん いつもランチを一緒に食べているんだから、もっと心を開いて、頼ってくれればいいのに。

Dさん なんとなく、仕事を抱えている自分だと安心するというか、それによって心を満たしている感じがします。

熊野 **ワーカホリック（仕事中毒）の人の典型的なパターンですね。**研修でも話しましたが、自分の価値には**「存在価値」**と**「機能価値」**があります↓98ページ。自分という存在自体に自信をもてない人は、機能価値ばかりを重視します。

Dさん 仕事という機能価値で、存在価値を埋めようとしているんだ。

熊野 でも全然別のモノだから、埋まらないんです。**存在価値は外からなにかで埋め合わせたり高めたりするものではなく、つねに、そして、すでにそこにあるんです。**

Dさん 夫との間では存在価値を感じているけれど、仕事では機能価値ばかりみてしまっているかも。

熊野 そうですね。居酒屋でダンナさんに弱みが出せて、家庭では存在価値があることは確信できた。でも仕事ではそれが難しいことが、この2か月間でわかったんですね。

Dさん なんでだろう。周囲へもそうですが、自分への信頼が足りていないです。

熊野 **幸せの3条件**↓100ページで説明した、**「自己受容」**と**「他者信頼」**ですね。最終的には、ダンナさんと同じことを、職場の仲間ともやってみるというのがDさんの課題だと思います。**弱い自分を受け入れ、周囲を信じて頼ってみてください。**これだけ理解してくれる仲間が社内にいるのですから、ぜひ勇気を出して、やってみてほしいです。

Bさん そのためには、周囲の人が「心理的安全性」を提供し、信じて見守ることが大切ですね。Dさん、またランチで話そうね。わたしはいつも、さらけ出しすぎているけれど（笑）。

熊野　家庭でも職場でも、みなさん成果の芽が出てきていますので、このともし火を大切に育ててもらえたらなと思います。**コミュニケーションの改善というのは、言ってみれば「おけいこ事」のようなものです。**みなさんは、まだ始めて2か月ですからね。いちど習ってすぐにできるということではなく、**毎日毎日繰り返して、その先にだんだん身についていきます。**あのイチロー選手だって、素振り練習を繰り返しているのと同じです。わたしもおけいこ中の身ですから、一緒にコツコツと続けていきましょう！

7 コミュニケーションのポイント

コミュニケーションの改善は、「おけいこ事」のように繰り返すことで身につく

通常、会社で行う研修で、家庭における夫婦や子どもとのかかわりについて話し合うことはないでしょう。

でもこの研修では、職場と家庭という垣根を取り払います。場所がどこであれ、自身のコミュニケーション・スタイルしだいで対人関係がよくも悪くもなることを学ぶのです。同僚の、家庭での意外な側面をかいま見られるのも、職場での心理的安全性の向上に役立ちます。

「TTT（Time to Talk）」は、ジョセフ・ペルグリーノ博士（モントリオール個人心理学研究所所長）のセミナーで教わった考え方です。自分自身の家庭や職場での振る舞いを振り返っても、その重要性を痛感していたことから、ご紹介しました。

研修の最後に

――株式会社メンバーズ「Womembers Program 推進委員会」委員長の早川智子です。研修に参加したみなさん、おつかれさまでした。たぶんこの研修を受けてから、たくさんの気づきがあったことと思います。

これまでの生き方は、プライベートと職場は別モノで、「職場では仮面をかぶって、別人格や別スキルで仕事に取り組むのが普通」という考えがあったような気がします。もちろんプライベートとの切り替えは大切だと思いますが、今は「ワーク・アズ・ライフ」ということばがあるように、仕事は人生の一部なので切り離す必要はなく、むしろ家庭でも職場でも「ありのままの自分」でいることが、うまくいく秘訣《ひけつ》なんだという気づきが、この研修であったのではないかと思います。

わたし自身も、居心地のいい関係性のなかで仕事をしたほうが成果が上がるのではないかと感じていて、そのために必要なのは、やはり信頼関係なんだなぁと、ある意味、当然のところに落ち着いた、でも、それがなかなかできないという思いに、あらためて気づかされた気がしています。

当社では今、「まるい組織」になるための研修やトレーニングを進めており、最近では

「チーム力向上のために社内の者どうしでインタビューし合う」といった取り組みに参加しました。お互いのことをこれまでより少し多く知るだけでも、円滑なチームビルディングができるんだ、という体感も得てきていて、今回の研修はその裏付けにもなったと感じました。

共感、信頼、尊敬、共同体感覚、この研修に参加してくださったみなさんは、引き続きこの研修で得た「ありのままの自分としてのあり方」をもって、社内の潤滑油になっていただき、ぜひ居心地のいい会社を一緒につくっていってくれたらと思っています。

（熊野）「ワーク・アズ・ライフ」ということばは、最近メディアでの活躍著しい、筑波大学の落合陽一准教授が提唱している概念です。仕事と家庭を時間で区切るという考え方から、賃労働としての仕事も、無賃労働としての家事、育児、介護なども、すべて「仕事であり、人生である」という考え方へのシフトを提唱しています。仕事と私生活のタイム・マネージメントを考えるよりも、職場でも家庭でもストレス・マネージメントを考えて、「1日24時間を『より幸せな時間』で埋めるように、主体的に人生をデザインしよう」ということです。この考え方は、ほんとうの「働き方改革」を「幸せになるための『生き方改革』」と捉え直す本書のメッセージとも整合性がとれているといえそうです。

コラム

「勇気づけの組織」と「勇気くじきの組織」はなにが違うのか？

ここでは、2冊のベストセラーを紹介しながら、「勇気づけの組織」と「勇気くじきの組織」の違いを明らかにしてみましょう。

『モチベーション3・0』（ダニエル・ピンク著、大前研一訳／講談社）では、上司がほめたり叱ったりを繰り返しながら部下を操作するような、「アメとムチ」方式の動機づけを「モチベーション2・0」と定義し、こうしたマネージメントは、高度な仕事においてはむしろ部下の勇気をくじき、生産性を損なう結果につながることを示しました。

一方、高度で知的な業務を担う人材のマネージメントに有効なのが、「モチベーション3・0」。すなわち、人間は所属感（自分はこのチームにいてもいいと感じたい）、信頼感（自分の力を信じ、周囲を信じることができる）、貢献感（自分の意思で他者の役に立つことをしたい）をもって行動するとき（アドラー心理学でいう「共同体感覚」）に幸せを感じるということに注目して、「仕事が楽しいからやる」と思える「内発的動機づけ」の重要性を訴えたのです。勇気づけが浸透している組織は、「モチベーション3・0」型の組織といえるでしょう。

次に紹介したいのが『ティール組織』（フレデリック・ラルー著、鈴木立哉訳、嘉村賢州解説／英治出版）です。この本では、これからの時代に適した最新の組織モデルとして、①セルフ・マネジメント、②ホールネス（全体性）、③存在目的を特徴とする「ティール組織」を挙げています。元サッカー日本代表監督の岡田武史《たけし》氏はこの本を読んで、「トップの指示でメンバーが動くのではなく、メンバー自らが主体的に考えて、協働・共創（セルフ・マネジメント）するティール組織こそ、自分の理想だ」と感じたそうです。

ホールネスとは、「思い切って自分自身のすべてを職場に持ち込む」こと。つまり、「心理的安全性」を確保した職場環境をつくることで、メンバーが全人格をもって仕事に取り組めるときに、メンバーのパフォーマンスが最大化すると指摘しています。

一方で、現在よくあるピラミッド型の組織が、競合他社との生存競争を強調することにより部下を刺激したり、組織内の固定化した上下関係のなかで信賞必罰のマネジメントをしたりすると、メンバーを疲弊させる（勇気をくじく）とも指摘しています。

次ページに、「勇気づけの組織」と「勇気くじきの組織」に属する人の特徴を、対比表で示しました。あなたはどちらに当てはまりますか。

「勇気づけの組織」と「勇気くじきの組織」に属する人の特徴

「勇気づけの組織」に属する人	「勇気くじきの組織」に属する人
自分が自分の味方になる	自分が自分の味方になりにくい
自分自身の能力に確信がある	自分自身を無力だと感じている
リスクを冒すことをいとわない	リスクを冒すことに消極的
自立心が旺盛である	自立心に欠け依存的
自分の欠点や弱さを客観的に認めている	自分の欠点や弱さを人のせいにする
自分の感情をコントロールできる	自分の感情をコントロールできない
失敗や挫折を学習の機会と考える	失敗や挫折を致命的と考える
将来に自信をもっている	将来について悲観的
自分と他者との違いを認める	自分と他者の違いを恐れる
他者との関係が協力的	他者との関係が競争的もしくは回避的

出典：岩井俊憲著『勇気づけの心理学 増補・改訂版』（金子書房）をもとに著者が一部改変

第3章

個人でも始められるアドラー式働き方改革

自己のコミュニケーション・スタイルの改善に取り組んだ、ひとりのパパのカウンセリングとその後の実践報告を収録しました。組織ぐるみでなくても、だれもが、今すぐに「幸せな生き方」の実現に向け、改革を始めることができます。

感情を表に出す妻のやり方が苦手なんです――そう話すのは、長谷大樹さん（仮名）。2歳女子、0歳女子のパパです。この日は、妻のイライラへの対処法をわたしに相談しにきたのですが、話を聴いているうちに、しだいに話題が仕事の悩みへと移っていきます。そうしてわかったのは、夫婦関係の悩みも仕事の悩みも、解決法は共通しているということでした。

感情を排してロジカルに解決したいのに……

熊野　具体的に、奥様のどういうところに困っているのですか？

長谷　ヨメさんは感情が表に出るタイプなんです。子どもがちょっとした問題を起こした程度でも、あからさまに不機嫌な顔をします。

熊野　そのようすを見て、どう思いますか？

長谷　僕自身はあまり感情を表に出さないし、出してもしょうがないと思っているんです。これは僕のなかの揺るがない価値観で、ヨメさんにもいちど伝えたことがあります。「僕は感情に訴えるのは好きではないし、夫婦で話し合える環境もあると思っている。

熊野　だから、ことばで話したほうがいい」と。

長谷　それで、奥様はどういう反応をしましたか？

そのときは「理解した」と言ったものの、今でも、日常のちょっとしたシーンで繰り返しています。このままだと、子どもにもよくない影響がありそうです。放っておくしかないのでしょうか？

熊野　理性的に話し合える家庭を望んでいるんですね。

長谷　はい。

熊野　ところで、事前にアドラー式のライフスタイル（アドラー心理学の用語で、性格のこと）診断をしてもらいましたが、長谷さんの性格で最も特徴的なのは「ベイビー気質」です。つまり、赤ちゃんっぽくて、甘えん坊の部分があります。これまでのお話を聴いている限りでは、おそらく奥

様もこの傾向が強そうです。「赤ちゃん」なので、ことばではなく、感情や態度で人に訴えます。おもしろいことに、夫婦でベイビーの傾向が強いんですね。

長谷 へえ、ヨメさんと似ているんですね。自覚して抑制できる人と、抑制できない人がいるんでしょうかね。

熊野 一方で、長谷さんは「ドライバー気質」も強いです。努力家で、困難をがんばって乗り越え、目標に向かっていくことができます。わりと仕事や勉強ができて、優越を求めるタイプです。お仕事もコンサルタント出身ですしね。

長谷 なるほど、わかります。

熊野 それ自体はとてもよい資質なんですが、**がんばっていない人を見ると、ついイラッとしてしまう傾向があります。**わたしもまさに同じ2つの気質をもっていて、自分の幼い部分を自分でコントロールしようと意識しています。

長谷 今、気がついたのですが、僕の育った家庭では、父も母も兄も、いつも感情的にけんかばかりしていました。だから、家族を反面教師として、子どものころから「この家庭で生き残るにはどうしたらいいか」を考え、まず立ち止まり考えることを意識しながら、生きてきました。

その癖が、過去のコンサル時代や、転職後の今の仕事にも生かされていて、でき

熊野　るだけ感情的な部分は排除して、どんどん型にはめていくようにしています。人はそうやって、自分の性格を選択して、つくり上げていくんです。長谷さんは感情を抑制することを選択しましたが、奥様はまた、別の選択をする家庭環境にあったのかもしれませんね。

「残念」という感情は悪いことか？

熊野　「がんばって当たり前」「ロジカル（論理的）で当たり前」という考え方を、そのまま相手に強要してしまうと、人間関係は壊れてしまいます。**「相手をどうしたら変えられるか」ではなく、「お互いのよさを生かしていきましょう」というふうに考えたほうが、うまくいきます。**

　ベイビー気質にも、もちろんいい面がありますよ。チャーミングで、上手に人に甘えられたり頼ったりできますから。

長谷　そういう、かわいらしさもありますね（笑）。

熊野　でも大人ですから、過度にやりすぎるとトラブルのもとになります。どの気質も発揮しすぎはよくないんです。

長谷 それもわかります。

熊野 とはいえ、不機嫌さが表に出るという奥様の行動については、改善してほしいですよね。子どもがママの顔色をうかがいすぎるようになるのも、望ましくありません。

長谷 どうしたらいいでしょうか？

熊野 ママが子どものためを思い、期待して、でも、**うまくいかなくて、残念に思っている——その感情自体は悪いことではありません。そこには理解を示してほしいんです。**「そうだよね、残念だよね」と、しっかり共感して、まずは奥様との心の絆《きずな》を深めてください。

たぶん奥様自身も、このままでいいとは思っていません。だから、奥様の変わりたい気持ちを信頼して寄り添い、その方向に勇気が出せるよう、背中をそっと押してあげる、というのが、ダンナとして、いちばんいいかかわり方ではないかと思います。

8 コミュニケーションのポイント

ネガティブな感情を抱くこと自体は悪いことではない

正論に走りすぎると、周りが息苦しくなる

長谷　僕はもともとこういう性格で、さらにコンサル業界でもロジカルに思考することを徹底的に鍛え上げられました。だから、論理的でない理不尽なことがとても気になるし、気持ち悪いんですよね。「それ、おかしいよね」と、すぐ口を出したくなります。

熊野　その傾向は、男性全般に共通するものかもしれません。でも、コンサルとか頭の回る人にとっては最大の試練なのですが、残念ながらそういう場合は結局、**「スイッチを切る」しかないんです。**まったくもってロジカルではない選択をする人を目の前にしたときには、それをすぐに指摘しないこと（笑）。

長谷　ハハハ、解決策はそれかぁ。

熊野　わたしも、それに失敗したことがあります。ビジネススクールで学んだロジカルな思考を家庭に取り入れて、最も合理的な子育てや夫婦関係のマネージメントを目指しました。でも、やればやるほどアンハッピーになっていったんです。だから結論！　**ビジネススキルを家庭に持ち込んではいけません！（笑）**

長谷　うわー（笑）。

熊野　その逆に、**子育てや夫婦関係を通して、仕事上のスキルをものすごくレベルアップさせることができます。**家庭や子育ての場面って、ほんとうにロジカルでない、想定外で理不尽なこと、感情的なことがめちゃくちゃ起こりますよね。

長谷　確かに（笑）。

熊野　そこで、冷静に適切な対処ができるようになったら、家庭よりもロジックで解決しやすい仕事の場では、怖いものなしになりますよ。

長谷　ロジックだけで解決できないからこそ、取り組む価値があるということですね。

熊野　ロジックとは「正論」です。**最初から正論に走ると、みんなが息苦しくなってしまいます。だから、まずは感情に寄り添ってほしいんです。**そして、子どもと奥様と

のやり取りのなかで、目に見えない信頼のパワーを学んでみましょう。長谷さんのドライバー気質を生かし、「これは、おけいこだ」と思って、自分をもっと高めてみてください。だれに対しても相手のパフォーマンスを高めて、よい影響を与えられる人を目ざすといいと思います。

長谷　なるほど。

コミュニケーションのポイント

9 正論ではなく、相手の感情に寄り添う方法を家庭で学ぼう

「ほんとうに成果が出る職場とは」

長谷　ところで仕事の話なのですが、ヘッドハントされて1年前に転職した会社が、かなりゆったりとした安定感のある巨大企業で、社員もバリバリ働くというより、「時間になったから帰りましょう」というような企業文化なんです。

そんななか、コンサル業界から僕のような異分子がやってきて、「さあ、新しいビジネスの企画を立ち上げましょう」とスタッフに言っても、なかなか意識を変えてもらえません。「楽しくて、徹夜で働いていました！」と言うと、びっくりされるんです。

熊野 転職して1年くらいの時期なら、いろいろと悩ましいことがあるでしょうね。

長谷 会社は、変革しなくてはならないと思って僕を雇ったはずなのに、どこまで締めて、どのくらい緩めたらいいのか、僕には見当がつかないんです。先ほども話題になったように、まさにスイッチを切りたくなるときもあるんですが、仕事ですから、切ったら終わるなあと思ってみたり（笑）。

たぶん、ヨメさんとの問題とも共通する話だとは思うのですが……。具体的には、どうしたらいいでしょうか？

熊野 迷いどころですね。でも、仕事も家庭と同じように考えていいと思います。

まず、長谷さんのいたコンサル業界というのは、上昇志向の人たちの集まりで、ロジカルに考え、最大限成果をあげるという合意が、全員でできています。これって、かなり特殊な環境で、残念ながら、ほかの業界の会社はそうではありません。むしろ感情が先行するような、さまざまな人たちがいる環境のなか、チームとして最も取り組むべきことは、**「心理的安全性」**の確保です。

長谷　心理的安全性ですか。

熊野　つまり、**この場所が自分の居場所と思えるかどうか、です。**自分はこのチームに所属していて、役にも立てる、価値のある人間だ。感情的になったり完璧にできなかったり、弱みはたくさんあるけれど、それでも上司や同僚はOKと思ってくれるという安心感がある――これがない限り、スタッフはパフォーマンスを発揮できません。

長谷　そうなんですか。

熊野　**グーグル社**が生産性を上げるためにさまざまな調査をしたのですが、**この心理的安全性の確保が最も成果が上がる、という結果が出ています**↓90ページ。

長谷　そう考えると、彼らにとって今の職場は、

心理的安全性の対極にありますね。僕が黒船に乗ってやってきて、自分たちの生活が脅かされている状況です。

熊野　そうだとしたら、長谷さんが率いているチームでは、どんなことができると思いますか？

長谷　彼らの「怖い」という感情を和らげる工夫をこちらがする、ということでしょうかねえ。

熊野　そのとおりです。子どもが自転車にチャレンジするとき、むりやり指導したり引っ張ったりしても、怖いと感じたら絶対に乗りません。転んでけがをするかもしれないけれど、パパが横についているよ――それを信じられたときに、初めて「補助輪なしで乗ってみようかな」と思えるわけです。

長谷　なるほど、そうですね。

熊野　いざ、やってみたら、意外にすーっと乗れますよね。そんな感覚をスタッフに理解してもらいましょう。

長谷　あと、補助輪なしの自転車の楽しさというか、自分たちが向かうその先にある、仕事の魅力とかやりがいとかを、たぶん会社から伝えられていないというのもあるかもしれません。

熊野　それも、あるかもしれませんね。
　最終的には、彼らにも新しい価値観をインストールしてほしいのだけれど、むりやりそうさせようとすればするほど、心は離れていきます。人としての防衛本能ですよね。それよりも、彼らが今までやったことのないことにチャレンジしても、「大丈夫、危険じゃないよ。それは妄想で、じつは楽しいかもしれないよ」ということを、まず伝えなければならないんです。

長谷　そこまで踏み込まなくてはならないんですね。

熊野　そうです。もちろん、これまでの経験や価値観の違いはありますが、彼らのなかにも、長谷さんと同じく意外とドライバー気質が強くて、本質的にがんばるのが好きだという人がいると思います。そういう人をよく観察して、チームで役割を割り振ってみてください。

長谷　それなら、できるかもしれません。彼らなりのスタイルのなかで、仕事のおもしろさを感じてもらえれば、変わっていくかもしれないです。

熊野　**仕事でも家庭でも、大事なのは信頼関係を築くことなんですよ。**とくに、こういう企業の行動変容や文化を変えるというとき、最も大切なことは「人の心をしっかりとつかむこと」です。そして、**それはロジカルな部分ではなく、感情の部分です。**

共感し、信頼することで、スタッフに「怖いけど、やってみます」と言ってもらえるようなリーダーになれたら、すばらしいですよね。

長谷　ぜひ、そういうリーダーになりたいです。

熊野　ですよね。だから、スタッフに「楽しくて、徹夜しました」なんて、言わないほうがいいですよ。

長谷　ドン引きですか？

熊野　ドン引きですよ！（笑）

コミュニケーションのポイント 10

信頼関係を築くということは、ロジカルな部分ではなく感情の部分である

カウンセリングから数か月経《た》ったある日、長谷さんにその後のようすをたずねました。すると、家庭においては、「妻のライフスタイルを理解できたことがよかったです。子育てにロジックを持ち込んで解決策に飛びつくことは、むしろ逆効果かも」と、ロジカルに（！）理解できたそうです。

仕事については、職場での自分の役割を再認識できたとのことです。「ほんとうに貢献すべき顧客に対して、組織としてなにをすべきか、ブレない軸をもって、メンバーや上司と対話できるようになりました」と聞き、うれしく思いました。

「最適解」を押しつけても、周りはついてきません。むしろ、相手に共感しながら対話することで、「納得解」を共有できたとき、家族も組織も、気持ちよく動き出すのですね。

コラム

帝京大学ラグビー部の強さの秘密

9連覇の裏にある「アドラー的価値観」

2018年初春、帝京大学ラグビー部が前人未到の大学選手権9連覇を達成しました。スター選手がいても4年で卒業してしまう大学チームにおいて、これだけの長期間、並みいる強豪を差し置いて毎年勝ち続けるチームを育成している裏に、じつは、「アドラー的価値観」→65ページが組織文化として根づいていることをご存じでしょうか。

この偉業を成し遂げた岩出雅之《まさゆき》監督の著書『常勝集団のプリンシプル』（日経BP社）には、その副題のとおり、「自ら学び成長する人材が育つ『岩出式』心のマネジメント」がつまびらかにされています。

大学のラグビー部といえば、4年生が「神」で1年生が「奴隷」のような、典型的な体育会系組織を想像するのではないでしょうか。先輩はもちろん、コーチや監督の指示は絶対で、自己犠牲を大前提に、猛烈な練習と根性主義で勝利を勝ち取る——「タテの組織」のイメージです。こうした「常識」を、岩出監督はすべてなくしました。

脱・体育会系組織を目指す帝京大学ラグビー部では、1、2年生は「授かる側」で、3、

４年生は「与える側」。上級生が掃除・洗濯などの雑用をほとんど引き受け、入学間もない下級生が心理的余裕をもてるように配慮しているといいます。こうした役割分担により、下級生は上級生に憧れ、リスペクトし、自分が上級生になったときに、自然と「与える側」の心持ち（マインドセット）になります。この連鎖を組織内に確立したことがチームの強化につながった、というのです。

このほかにも、タテのコミュニケーションをなるべくなくし、ヨコのコミュニケーションを増やすために、監督の指示を学生コーチや学生ボードメンバーから伝達するような工夫をしていたり、学生間でミーティング・スキルが向上するような仕掛け（上級生がただ伝えるのではなく、下級生に質問するなど）をつくったり、企業の組織開発にも有益な取り組みをたくさんしていることがわかります。

もちろん、トレーニング施設の充実や、徹底した食事管理・栄養指導などもその強さに寄与しているそうですが、これらは競合チームにすぐにまねされてしまうと、岩出監督は言います。そして、このチームの真の強み（コア・コンピタンス）は、いわゆる「アドラー的価値観」に裏打ちされていることが読み取れます。

岩出監督が教育者として、学生が卒業後も社会で活躍できる人材になってほしいと願い、掲げているのが、次のリーダーシップの3条件です。

1 他人の思いや感情に共感できる人間

2 自分が他者に支えられていることを実感し、それに感謝できる人間

3 自分も他者に貢献したいと自然に思えるような人間

まさに、アドラー心理学が目ざす「共同体感覚」↓74ページをもった人材を育成した結果の、圧倒的な強さ、といえるのではないでしょうか。

岩出監督は、こうした組織文化を根づかせていくために最も大切なのは、トップが率先垂範して「お見本」になることだ、と言っています。組織のリーダーを担っている読者のみなさん、あるいは、家庭で子育てをしているみなさんにとっては、とても重いことばです。それと同時に、職場や家庭が幸せにあふれ、部下や子どもが望ましい結果を得られるようになるために、リーダーである自分がなにをすべきか、明確な指針を示してくれているともいえるでしょう。

第4章

アドラー式働き方改革でなにが変わったか

アドラー心理学にもとづくコミュニケーション改善の取り組みを5年以上続けている、ある大手小売り企業の変化について、役職や立場の異なる4人のインタビューを収録しました。個々人の取り組みが、組織風土の変革に影響を及ぼすことがわかります。

聞き手：加藤隆行

Case1

アドラー心理学の有効性を全社へと浸透させたい

矢澤和彦さん（仮名）
部長クラス

現場のニーズで始まった「アドラー式働き方改革」

――矢澤さんの職場での役割と近年の取り組みについて、教えてください。

矢澤　わたしは子ども用品全般のフロアの統括をしています。小売業界が大きく変革していくなかで、これまでのように、ただ「モノ」を売るという考えから、体験、つまり「コト」も売るという意識へとシフトしています。そこで6年ほど前に、店舗内で、お子様のために遊びと学びをご提供する場を実験的に始めました。今では、親子で楽しめるオリジナルのワークショップを中心に、子育てセミナー、託児サービスなどを本格展開しています。

――アドラー心理学を取り入れたきっかけはなんですか？

矢澤　最初は、ランドセルや子ども服を販売していたスタッフたちが、接客力の向上を目的として、熊野さんの研修を受けてみたという感じでした。子どもの「モノ」を大人に販売していたスタッフたちなので、商品知識は豊富だけれど、子どもとの接し方に関しては経験が浅かったんです。たとえば服を選んでいるときにお子様が聞き分けのないようすでいた場合、その対応は親御さん任せでした。

そこで、販売スタッフがお子様に、「モノ」だけではなく「コト」、お買い物の楽しさや自分で選べる喜びなどの体験を提供するために、まずアドラーの考え方を通して子どもとの接し方を学び、共感や信頼、尊敬、「ヨコの関係」などを身につけていきました。

――**なるほど。必要に応じて現場から、という流れだったのですね。**

矢澤　そうですね。それにともなって、大人のお客様への共感や声かけ、信頼関係も大きく変わっていきました。**アドラー式のいいところは、子どもたちやお客様と向き合う前に、まず「自分自身はそもそも、どういう思いをもっているのか」を見つめる必要がある点ですね。**それを経ていないと、上からの「お客様第一ですよ」ということばが、現場のひとりひとりに浸透していきません。

――**「他者貢献」も、「自己受容」が前提ですからね**↓100ページ**。**

矢澤　じつは、優秀なスタッフはそれまでも「アドラー的価値観」↓65ページを自然に実践していたんですよね。研修を受けたスタッフの成長を感じていくうちに、そのことがわかってきました。そこから、このアドラー的なあり方を上位概念と位置づけて、子ども用品フロア全体に広げていきました。

熊野　それが今では、全社の人事にも伝わり、新卒研修や、売り場の上級販売員、マネージャークラスの研修にも広がっていますね。

変化に対応していくために必要なアドラーの考え方

矢澤　小売業界が逆境の時代を迎えて久しいですが、もともと「変化対応業」といわれてきたように、つねに変化するお客様に合わせて、満足度の高いサービスを提供できるかどうかに尽きます。それがいつしか「商売＝モノを売る」になり、新しいモノ、よいモノを提供することばかりに専門性を高めて、お客様の感動やご評価よりも、どちらかというと売り上げを重視するようになってしまいました。ほんとうは、**お客様のニーズに共感し、サービスで貢献し、いかに信頼していただくか――そこが重要なんです。**

――共感、貢献、信頼と、アドラー心理学のキーワードがたくさん出てきましたね。

矢澤　そうなんです。一方で、「お客様は神様です」という日本の慣習から抜けられない部分もありましたが、商売人には、もともと近江《おうみ》商人の「三方良し」という考え方があります。「売り手良し」「買い手良し」「世間良し」の3つの「良し」で成り立っていて、フラットなヨコの関係性で、みんなが幸せになることを目ざさなければなりません。そんな文化的背景も、アドラー心理学との親和性が高かった理由だと感じています。

思いを伝え合える環境になった

――社内には、ボトムアップ的に広がっていったとのことですが、導入が進むにつれて、どのような変化がありましたか？

矢澤　これまではしっかりとした階層構造があって、「どんな細かい部下の仕事でも、成功事例に照らし合わせてチェックする」ことが上司の仕事だという考えがありました。アドラー式を導入したあとは、立場としての役職はありますが、それは責任範囲の違いだけという意識になり、お互いが思っていることを素直に伝え合える雰囲

気になりました。「勇気づけ」や信頼を、みんなが意識しています。

――**そんな環境で働けるスタッフの方たちは、きっとのびのびとしているでしょうね。**

矢澤 先日、全社でのストレスチェック、働きがいのアンケート集計がありましたが、わたしたちの部門は、ストレスでは全社平均を大きく下回り、働きがいでもとても高い数値が出ました。

熊野 うれしいですね。ビジネスに直結する、目に見える結果が出ていますね。

「上司が部下を管理する」だけでは続かない

矢澤 間違いなく以前は、上司は部下を管理することが仕事でしたが、その形ではもう続かないと思います。**上司と部下が相互にリスペクトし、信頼し合いながら、自由に力を発揮できるフラットな組織への変革が必要とされています。**小売業界だけでなく、世の中の働き方の前提になっていくのではないかと思っています。

――**「働き方改革」の本質的な部分ですね。そういう意味でも、トップダウンでアドラー式を導入するよりも、まずは現場から、小さく産んで大きく育てるイメージで展開したのが、功を奏したのかもしれないですね。**

矢澤　そうですね、結果的によかったと思っています。それに加えて、わが社には「まずは、やってみよう」という考え方も脈々と受け継がれていて、よいものであれば、いち早く取り入れていく企業文化があります。

熊野　大組織ですし、体育会系のようなトップダウン型の傾向がありながらも、同時にファッションや文化など、時代の最先端に対する目利き力が、競争力の源泉になっていますよね。そこが、まだ日本でアドラー心理学が話題になる前から、いち早く、わたしの研修を導入してくれた理由なのかなと感じています。

矢澤　近年、会社の体制がガラッと変わり、全社としても、いかにフラットな組織にしていくかという方向性に変わりました。われわれマネージメント層の変化が、強く求められています。そこにアドラーの考えはマッチすると考えています。

――アドラー心理学は生きる指針にもなりますし、さらに社内に根ざしていけるといいですね。

矢澤　とはいえ、まだ全社で取り入れられたわけではないので、アドラーの考え方がいかに有効であるかを、わたしたちが現場で実証し続けていく必要があると思っています。そして全社に浸透させていく流れをつくることが、先行して導入してきたわたしたちの課題です。

また全社的にみると、「コト」の提供は、まだまだ収益への貢献度が低いとみられがちです。収益性を上げることはもちろんなのですが、コストにみえてしまう部分が、じつは重要な未来への投資であるという点も、しっかりとアピールしていきたいです。

——小売業界が苦しい局面にあるなかで、どうやって立て直していくかを考えたときに、もともとの「三方良し」とか、信頼とか、貢献とか、商売のすごく基本的な考え方を改めてやってみる——そんな原点回帰の流れに、アドラーの考え方がフィットするのかもしれませんね。

共感？　それってほんとうに数字につながるのだろうか――当初は、そんな半信半疑な気持ちで研修にゴーサインを出したのではないか、と推察しています。

でも、部下の取り組みに対し、矢澤部長が進取の精神で「失敗を恐れずにやってみな」と、「無条件の信頼」を示してくださったからこそ、勇気づけられたメンバーたちが生き生きと活躍でき、「力強いチームを育成できるリーダー」という地位を得ることができたのだと思います。

Case2

チームで仕事をする喜びを感じています

満島洋平さん（仮名）
課長クラス

衝撃だった「共感ファースト」という発想

――研修を始めてから、ご自身のなかでどんな変化がありましたか？

満島 仕事でもプライベートでも、人とのコミュニケーション・スタイルが大きく変わりました。初めて学んだ内容が「共感ファースト」→70ページだったのですが、「相手の関心に関心をもつ」なんて発想は、それまで考えたこともありませんでした。

――仕事の現場では、どのように役立っていますか？

満島 たとえば、スタッフにこちらの考えを伝えるとき、これまでは、「わたしがなんども言ったのに」「自分はしっかり伝えている」というふうに、ベクトルが自分に向いていましたが、「相手がどのように受け止めたか」が大切だとわかりました。幽体離脱して相手に憑依《ひょうい》するように共感することで、視点を変えて現状を捉えられるようになり、**「自分が言ったか」ではなく、「相手に伝わったか」にこだわるようになりましたね。**

満島　「言ったじゃん！　なんで、こんな簡単なことができないの？」と、自分の都合を押し付けてしまうんですよね。相手に伝わらなかったのは、自分が相手の立場に立って考えられなかったことが原因なので、では、「ことばを選んでみよう」とか、「相手に仕事の優先度が伝わっていないのかも」とか、伝え方について考えるようにしています。

――つい、「言った」だけで「伝わった」と思いがちですよね。

信頼して任せたら、自分の役割が減った

満島　「なんども言って伝える」よりも、「相手のようすをよく観察し、必要なタイミングで必要なことだけを伝えればいい」と思うようにもなりました。これまでは細かい指示を出して、それをやってくれないと腹を立て、という感じだったんです。でも、みんな子どもやファッションが好きで、接客も大好きで店頭にいてくれる人たちで

す。だから、もっと彼女たちに任せてみよう、重箱の隅をつついて「言った、言わない」と、お互いが疲弊するのはやめようと決めました。

――そうすると、仕事の手間も減っていきますよね。

満島　うちのチームは、たとえば「お子様に寄り添う接客をしよう」とキーワードを決めるので、僕はそれをしっかり伝えて共有し、そのやり方はみんなに任せています。すると、**自分たちで考えて、実行してくれるようになっただけでなく、「こういうことをやりましょう！」という提案も出てくるようになったんです。**僕の役割は、その提案を聴いて拾い上げていく際に方向性がずれないようにすることと、経験からのアドバイスだけで十分になりました。

――仕事の手段よりも、目的を意識して動くようになったんですね。

満島　以前は、みんなを信頼していなかったのかもしれません。そんなつもりはなかったのですが、「もっと細かく、もっと強く言わないとやらないだろう」と思っていました。

熊野　満島さんは、研修でお伝えしたことを、即、実践し、即、結果につながりましたよね。もともとの信頼関係もあったと思うけれど、相手の反応が自主的に変わって、お客様にも喜んでもらえて、売り上げにつながってと、すごく楽しそうでした。

満島　スタッフから「お客様に『最近、売り場の雰囲気が楽しくなったわね』と言われたんです！」と報告があって、僕もうれしかったです。ハロウィーンやクリスマスのイベントも、自社雇用ではないブランドの従業員さんたちとも一緒に、楽しんで取り組んでくれるようになりました。

――その楽しい雰囲気が、お客様にも伝わったんですね。

満島　スタッフからは「話を聴いてくれる」という声が増えました。――そう言われると、こんなにうれしいんだ」ということもわかり、チームで仕事をする喜びを感じています。

スタッフへの感謝を忘れないように

――ほかに取り組んでいることはありますか？

満島　ダメ出しをしないように意識してきました。**行為には注意をすることもあるけれど、存在へのダメ出しにならないように気をつけています。**以前は「あの人、言ったのにやらないなんて、ほんとうにダメだな」と思っていましたね。

――反対に、ヨイ出しについてはどうですか？

満島　ヨイ出しはあまりできていないです。セールなど大きな節目のあとには、十分に感謝は伝えているのですが……。

熊野　セールのあともちろんですが、途中の苦しいプロセスにこそ「ありがとう」「助かっているよ」ということばを増やしていけると、いいですね。

満島　そうですね。とくに、近くにいるスタッフに対しては「当たり前」という意識があって、感謝を忘れがちでした。最も近くにいるヨメさんには伝えようと心がけているんですが、職場でもですね。

子育てにもよい影響が！

熊野　お子さんとの付き合い方も変わったのではないでしょうか。何歳になりましたか？

満島　上の子は年長、下の子は6か月になりました。子どもと冷静に接することができるようになったのは大きいと思います。以前は、気づいたことをいちいち注意して、「注意しないのは子育て放棄だ」と思っていました。最近は、子どもの感情が荒れていたり、自分が怒りたくなったりしたときも、その裏にある一次感情↓54ページ、ほんとうの思いはなんだろうと考えるようにしています。意識するだけでも、少し冷静になれます。

――お子さんにも自分にも「共感ファースト」ですね。

満島　そうすると、上の子がだだをこねているのは、下の子が生まれて、もっとこっちを見てほしいからだなとか、時間がないから、焦って子どもをコントロールしようとしているなとか、わかるようになってきました。

とはいえ、危険なことをすると、カッとなって言いすぎちゃうこともあって、へこむこともあります。これは仕事でも同じです。

熊野　もちろん、強く言っちゃうときもあると思います。でも、自分をそれだけ分析できていれば十分です。大切なのは「不完全な自分を認める勇気」ですから。それに、「なぜ叱ったかをあとで伝えれば、子どももスタッフもわかってくれるはずだ」という信頼があればいいと思います。

満島　ちょっと安心しました。

心に余裕をもたせるスケジューリングの工夫

満島　熊野さんに教えてもらったことがうまく実践できないときは、結局は、時間がないときです。ですから、タイムスケジュールに余裕をもたせるよう、気をつけています。**ちょっとの時間もつくれないくらい予定を詰め詰めにしてしまうと、心の余裕がなくなって、信頼も共感もできなくなります。**

——なにか具体的な対策をしていますか？

満島 予定を立てるときに、「自分の作業時間」のような、リスケ（計画変更）できる時間を合間、合間に入れておくようにしています。だれかが急ぎで相談したいというようなことがあったら、その時間を使って、しっかり話を聴いています。

また、どうしても時間をつくれないときほど、丁寧に断るように意識しています。

熊野 まさに「アドラー式働き方改革」の根幹は、共感や信頼を通して、いかに時間や心に余裕をもった働き方ができるかということです。わたしも満島さん方式を取り入れさせてもらって、スケジュールに余裕をもてるようにがんばります（笑）。

完璧を求めるという確固たる価値観の、どこがいけない？——そんな視点で研修に参加した満島さんにとって、「共感ファースト」という考え方は、目からうろこだったのですね。すぐに家庭でも職場でも実践してみる柔軟性が、満島さんの急成長の原動力と思われます。

隔週の研修に来るたびに明るい顔になっていく満島さんに、わたし自身が勇気づけられました。勇気をもって自らを変革する人は、その行動で、周りの人を勇気づけられるのですね。

Case3

上司への不満をフラットな気持ちで伝える

うまくいかないときは、自分の勇気を回復させる

田原健太郎さん（仮名）
係長クラス

――今はどんなお仕事をしているんですか？

田原　親子向け、子ども向けの教育サービスや体験教室などの企画運営をしています。

――**教育学がご専門とのことですが、アドラー心理学の特徴はどこにあると思いますか？**

田原　「共感」という考え方でしょうか。自分と他者とは違うということを前提に、他者の視点に寄り添うという点ですね。「ほめない」という考え方も特徴的だと思います。「ほめる」は自分の視点なんですよね。

――**確かに、その視点の転換は、多くの人にとって目からうろこかもしれないですね。**

田原　教育学にも同じような考え方はありますが、それを平易な言葉でわかりやすく説明

しています。熊野さんに教えてもらった「共感ファースト」が、とても役立っていますね。

熊野　正直なところをいえば、わたしは「共感ファースト」しか伝えていないようなものですからね（笑）。

田原　「勇気」↓16ページということばも印象的でした。職場でなにかうまくいかないとき、「あの人がやってくれない」とか「指示がよくない」とか、だれかを非難したくなると思いますが、そもそも、「そういう気持ちになっているのは、自分の勇気がくじけているから」という捉え方ができます。

ですから、**まずは自分の気持ちを回復させることによって、どうしたらよりよい関係、よりよいものを目ざすことができるか、という方向にシフトチェンジできます。**「本来の自分に戻る」という感覚ですね。

――自分の気持ちは、自分しだいで変えられる、と。

田原　同僚から愚痴が出ているときも、「今、この人は勇気がくじかれているのだな」と捉えることができます。そこで批判したり叱咤《しった》激励したりするのではなく、「どうしたら彼を勇気づけられるだろうか」と、考えるようになりました。

原因を探すより、目的を意識する

――自分の勇気を回復させるときに、意識していることはありますか?

田原 いつも「目的」を意識することです。自分たちの目的は「よりよいものを提供すること」なのだから、「うまくいっていない原因はどこにあるのか」と、悪者探しをしても仕方がないんですよね。

――アドラー心理学では、それを「目的論」↓32ページ**といいますね。**

田原 お互い、納得するまで議論するのも手ですし、自分の要望が伝わらないなら、その伝え方を変えるのも手です。**「目的」を意識することによって、勇気がくじかれにくくなり、なんどでもチャレンジできるようになったと思います。**

――自分だけでなく、チームの目的を意識するということですね。

田原 そのおかげで、仕事は自分ひとりでやるのではない、ということも、強く感じるようになりました。ある種の妥協も含めて、自分も相手も納得のいくコンセンサス(合意)をとれるようになった気がします。

――具体的には、どんなことがありましたか?

田原　以前、「自分の仕事の価値を上司が認めてくれない」と感じたことがありました。アドラー心理学を学ぶ前だったら、投げやりな気持ちになって仕事にも身が入らなかったと思いますが、**上司に「わたしはこういう目的でやっていますが、もし、全体の目的とずれて価値がないようなら、言ってください」と、フラットな気持ちで伝えることができました。**

その結果、上司から「価値のある仕事だから続けてください」という回答をもらい、納得できました。上司としても、まさかわたしがそんなふうに感じているなんて、思ってもいなかったようです。

熊野　そういうことでモヤモヤしたり、会社を辞めたりする人も多いと思います。田原さんのエピソードのように、「言うべきことを言う」ということが、とても大切です。「こんなことを言うのは自分勝手ではないか」「しょせん部下だから、言ってもしょうがない」と諦めずに、お互いの目的を見据えながら話をすれば、理解し合うことができます。

田原　仕事に対するやりがいや価値をもういちど振り返る、いいきっかけにもなりましたし、自分の思いを言語化したことにも大きな意味がありました。アドラーの考え方を知ったからできたことだと思います。

熊野　「働き方改革」というと、短絡的に「残業をやめましょう」という話になりがちですが、ほんとうの「働き方改革」とは、働く目的、組織の目的、生きる目的を本気で考えてすり合わせ、みんながやりがいをもって幸せに働けるようになることだと、わたしは思っています。

仕事でも家庭でも「自己犠牲」は禁物

田原　そういう意味では、「自己犠牲をしない」ということにも気をつけています。**労働イコール「嫌なことを我慢して、その対価をもらうこと」という考え方もありますが、それでは企業の奴隷になってしまうし、僕はそういう働き方をしたくないんですよね。**

熊野　「他者貢献」しても、自己犠牲していては、幸せになれないんですよね。

田原　まさに、その考え方が小売業には必要だなと思っています。百貨店は、豊かなものをご提案する場所です。働いている人が表向きは笑顔でいても、裏では自己犠牲をして、くさくさしていたとしたら、お客様に見抜かれてしまいます。ハッピーなものを、ハッピーな人からお買い上げいただきたいからこそ、自己犠牲は禁物だと思っています。

―ご家庭ではいかがですか？

田原　ありがたいことに、うちは妻が「勇気づけ」の人なんです。妻はアドラー心理学を学んだことはないのですが、僕がすることをいつもゆるく受け止めて、ヨイ出しをしてくれます。今、長女が生まれたばかりで僕は育児休業中なのですが、妻のおかげで、おむつ替えや家事が楽しくできています。

―「アドラー的価値観」を自然と身につけてきた奥様なんですね。

田原　僕も貢献していると感じられますし、妻に「こうやって家事を工夫してみた」と伝えることもあります。こんなことを言うのは、なんか恥ずかしいですね（笑）。でも、いいサイクルができているのは妻のおかげかな、と思っています。

熊野　家庭がアドラーの教えで回っている感じですね。

田原　僕自身も、妻にダメ出しをしないこと、「恨まない、恨まれない」ことに気をつけて、生活しています。

―「恨まない、恨まれない」とはなんですか？

田原　たとえば、子どもが夜泣きして、妻が起きてめんどうをみているとき、僕も自己犠牲をしない範囲で、寝ないようにする、とか（笑）。

――結局は、相手がどういう気持ちでいるのかが大事ですね。

田原　ネットで、妻が夫をディスっている（けなしている）投稿が人気が出ることがありますが、自分はああならないようにしたいですし、男って鈍感な部分もあるから、妻の出すサインを見逃さないように観察しています。

――奥様にも、その気持ちは伝わっているでしょうね。

田原　「なんでも容赦なく言っていいよ」と口に出して伝えています。これは、職場の同僚にも言っていますね。雑談しながら「ぶっちゃけ、どうよ？」と。**やっぱり腹を割って話ができる環境が大切だなと思います。**

仕事に対する意識が高く、努力家で、こだわり派の人は、個人プレーで仕事をする分には、かなりの成果を出せます。でも、仕事がチーム・プレーになったら、「共感ファースト」「勇気づけ」「目的の共有」「他者貢献」などを学び、実践しないと限界がきます。家庭でパートナーから見習えることや、子どもとのかかわりを通して気づくことも多いはず。育休を取得している新米パパの田原さんが、育休明けにどんな成長をみせてくれるか、楽しみですね。

Case4

さまざまな人のニーズに応えるには、まず共感です

谷口麻衣子さん（仮名）
ワーキング・マザー

普遍的で取り入れやすいアドラーの考え方

——今はどんなお仕事を担当しているのですか？

谷口　もともとは玩具売り場の担当だったのですが、親子教室などの立ち上げにかかわり、今はそこの専属になりました。その間に子どもが生まれ、時短（育児短時間）勤務をしています。

——熊野さんからアドラー心理学を学んで、何年くらい経ちますか？

谷口　もう6年になります。わたしは、新しいことへの取り組みこそが、当社の醍醐味《だいごみ》と思っていたので、「ぜひ」と思って参加しました。当時は玩具売り場横の小さなスペースで、子育てカウンセリングをしていましたねえ（笑）。

熊野　懐かしいですね（笑）。研修のすべてを見てきた、生き字引のような人です。

谷口　そんなに持ち上げないでください（笑）。そうはいっても、アドラー心理学の実践はまだまだですよ。

――アドラー心理学は一生のおけいこ事ですからね（笑）。実際には、どのように仕事に取り入れていったのでしょうか？

谷口　最初からいちどに全部はむりなので、それまで培った自分の仕事のスタイルのなかに、少しずつ取り入れていきました。**「共感ファースト」や「相手を認める」などの簡単なキーワードを、お客様や上司との間で、やりやすいところから試していきました。**

――部分的に取り入れられるところも、アドラー心理学のいいところですよね。

谷口　お客様からの電話で無理難題のようなことを言われても、まずは共感して聴いてみようとか、そういうことを再認識しました。接客業をやっていると、お客様に対してと、従業員どうしの接し方には差があって当たり前だと思っていたのですが、アドラーの考え方は、いい意味で使い分けが必要ないということがわかってきました。どちらにも共感や信頼を意識すればいいんですよね。

――だれに対しても、同じ意識で接すればいいところが、とてもシンプルですよね。

谷口　お客様には、生まれて2か月の赤ちゃんから、90歳のおばあ様までいらっしゃいます。**さまざまな人たちのニーズに応えていくには、まず共感です。**だれのために、どんなものを所望されておられるのか、どんな場面での利用を想定しているのかを、まずはじっくり「相手の耳で」聴きます。

今の仕事は子ども相手がメインなので、まずは「そう思うんだね」と共感ワードを伝えて、落ち着いたあとに話を聴きます。こういうところが普遍的だと思います。わが子に対しても同じですね。

——**子どもが相手でも、お客様が相手でも、部下が相手でも、大切なことはみんな同じなんて驚きですよね。**

谷口　そうなんです。

低姿勢よりも「ヨコの関係」で接客したい

——**百貨店には、もともと接客の理念があると思いますが、その理念についてはどう考えていますか？**

谷口　お客様に対する理念はもちろんありますし、たとえば「スカーフはこうおすすめする」というような、接客の型はあります。ただ、それを全員に適用するのは難しいと感じるときもありました。

――スカーフの型は、子どもには応用できないかもしれませんよね。

谷口　かつては、臨機応変に振る舞うためには、多くのパターンを経験する必要があると考えていました。それが、**「共感」という簡単なキーワードをどんなときでも実践したほうが、接客に役立つと気づいたんです。**

――臨機応変というと、個人の能力にも左右されますが、不器用な人でも聴き上手であれば、接客の仕事を十二分にこなせます。その根底にあるのが「共感」ですよね。

谷口　また、接客業はお客様に低姿勢になりすぎてしまう傾向があります。その意識を変えていくという点でも、役に立っているなと感じています。

熊野　いかにプロとして、対等な「ヨコの関係」→49ページで信頼関係を結べるか、という、ある意味高度な取り組みですね。

――なるほど。そういう、小売業ならではの文化や背景もありますよね。

谷口　低姿勢でいるほうが簡単なんです。だから、そうなりがちだし、それでいいと思っている部分もあります。でもほんとうは、**お客様に失礼のないよう、ご満足いただきながら、自分の意見もしっかりと伝えていく――いかに対等な関係でいられるか**

が大切なんです。

お客様と勇気をもって接しながら、ご購入への勇気を引き出す、そんな、寄り添いながらも、そっと背中を押す接客ができたらいいなと思っています。

ワーママとしての課題

——家庭ではどうですか？

谷口　それが、家庭ではなかなか実践できないんですよね。仕事だと、信頼や共感は比較的できるのですが……。

——仕事のタスクは愛のタスクより容易であると、アドラーも言っていますね↓85ページ**。**

谷口　家庭に落とし込むのが難しくて、悩んでいます。今朝も、4歳の娘とけんかしてきました（苦笑）。

熊野　職務であれば、課題の分離をして他者と線引きしやすいですが、娘さんはわが分身で、心の距離が近すぎるんですよね。

谷口　自分に余裕があるときはできますが、ワーキング・マザーはなかなか時間に余裕がもてません。目の前でジタバタしている子どもに対し、どう自分を整えて接するか、それが大事な学びだなと思いつつも、いつになったらできるようになるのやら……。

――働き方改革には、ベースとして時間の余裕、心の余裕が必要ですね。

谷口　仕事でもそうですが、余裕がなくて共感できなくなると、「人の話を先に聴かなきゃ」と考えすぎてしまい、自分の思いを抑圧し、あとで爆発してしまうこともあります。もともと、「自己受容」がとても苦手だったのですが、**自分が我慢してしまうと、より自分を認められなくなります。**そのバランスが難しいです。

熊野　そのバランスは、人それぞれでしょうからね。「ま、いっか」ということばで自分を許しながら、自己犠牲をせず、「自己受容」できるようなマイパターン、マイバランスをつくっていくといいと思います。

谷口　爆発する場所は家庭になりがちなので、バランスを見つけたいです。

――**すべての決定は自分が握っていますから、お互い、自分を勇気づけて進みましょう。**

谷口　やっぱり、アドラー心理学はずっと続くおけいこ事なんですね。

「自己受容」の重要性

――**自分を勇気づけるために取り組んでいることはありますか？**

谷口　娘がディズニーの『アナと雪の女王』が大好きで、寝る前に毎日同じ絵本をもってくるんです。そこに「ありのままで大丈夫、ありのままのあなたが大好き」というせりふが出てくるのですが、読むたびに、「自己受容」の重要性を自分に言い聞かせているようです。娘に感謝です（笑）。

――雪だるまのオラフのように、自分を受け入れて生きていきたいですね。

アドラーを知る前からコミュニケーション能力に長《た》け、お客様との関係構築も得意だった谷口さん。アドラー心理学を学び始め、その途上で母になったことにより、職場のメンバー、子どもといった、距離感の異なるさまざまな人とのかかわり方を見つめ直す機会が、同時に訪れたようです。

「時間と心に余裕があってこそ、下心なく共感できる」という本質的な気づきを得、きっと職場でも家庭でも、幸せな時間を増やしていけるでしょう。

コラム

心の中の2匹のオオカミ

アメリカ先住民の逸話

これは、アメリカの先住民チェロキーの首長が孫に伝えた逸話だそうです。

首長が孫に向かって言いました。

「いいかい。これはだれの心の中でも起きていることだ。おまえの心の中でも、2匹のオオカミが戦っているんだよ」

孫は真剣に首長の話に耳を傾けます。

「1匹は悪いオオカミだ。怒り、妬み、自分勝手でうそをつき、自分を憐《あわ》れみ、傲慢で慢心している。もう1匹は喜び、平和で優しく、慈しみがあり、正直で謙虚、人の気持ちに共感し、愛と感謝をもった、よいオオカミなんだ」

孫は少しの間考えてから、たずねました。

「どちらのオオカミが勝つんだろう?」

首長は静かにこう答えました。

「おまえがえさを与えているほうのオオカミが勝つんだよ」

第1章の漫画を改めて確認してください。あなた自身が、家庭や職場のさまざまな場面で、「勇気くじき」を選ぶか、「勇気づけ」を選ぶか、選択を迫られています。悪いオオカミにえさを与えていれば、「勇気くじき」の言動を選択している自分に気づくでしょう。もし、心と時間に余裕をもって、よいオオカミにえさを与えていれば、わたしたちは困難な課題に直面したときにも、愛と感謝と勇気にあふれた行動を選択することができるはずです。

組織でも同じことが言えると考えています。どんな組織にも、悪いオオカミとよいオオカミが並存しているのです。この数年、日本を代表するような大企業が、粉飾決算をしたり、製品の品質保証にかかわる重要なデータを改ざんしたり、スキャンダル発覚後も隠蔽工作をしようとしたりする、大変残念な事件が相次いでいます。これらの組織が完全な悪の組織だとは、到底思えません。組織の大部分ではよいオオカミが勝っていただろうに、組織の一部が悪いオオカミにえさを与え、勇気がくじかれ、その結果、不正に至ったのではないでしょうか。

こうしたことは、だれにでも、どこの家庭でも、どんな組織でも起こりうることだと感じています。なぜなら、すべての人の心の中に、両方のオオカミがいるのですから。どちらのオオカミにえさを与えるかは、あなたしだいなのです。

この本のまとめ

２０１８年7月に「働き方改革関連法」が公布されました（２０１９年4月施行予定）。２０１５年10月の閣議決定には「一億総活躍社会の実現に向けた働き方改革」ということばがありますから、「働き方改革」というキーワードがわたしたちの耳目に触れるようになってから、３年ほどの時間が経過したことになります。

ただ、「働き方改革」の必要性自体は、平成が始まった約30年前には、すでに認識されていました。平成元年版の『国民生活白書』には「国民の所得水準が世界トップクラスになった半面、ゆとりを保障する労働時間の短縮が進んでいない」とあります。この白書のなかで、すでに「中年層の労働時間の短縮」「長期休暇制度等の導入検討」「勤労意欲のある高齢者や女性の活用」「ワークシェアリングや多様な就業形態の整備」など、現在取り組むべきとされる課題が明示されているのです。

この30年の間に、わたしたちはバブル経済の崩壊を経験し、その後「失われた20年」ともいわれる長い停滞期を過ごしてきました。社会全体が「勇気がくじかれた状態」にどっぷり浸《つか》り、もはや、それがデフォルトと感じている人が大勢を占めているかもしれません。

「勇気がくじかれると、変化に向かって動き出すことができず、むだな時間が発生する」

という本書の主張を、平成という時代が証明しているともいえるでしょう。

もちろん、過去30年を振り返ると、すべてが停滞していたわけでもなく、よかれ悪《あ》しかれ、大きな変化をみることもできます。インターネットの勃興とそれによる産業構造の変化は、その最たるものでしょう。グローバル化は、ここにきてイギリスのEU離脱やトランプ政権の誕生など大きな揺り戻しがくるほどに、急速に進展しました。夏がくるたびに「確実に地球環境に変化が生じている」と、だれもが肌身で感じてもいます。

日本国内においても、人口減少社会に突入し、長引く不景気により夫婦共働きが当たり前になり、バブル崩壊後に生まれた若者はクルマにも乗らず、慎ましやかな生活で満足するような消費性向の変化が、明らかになりました。

このように、社会の土台はじわじわと変化し続けているにもかかわらず、わたしたちの心持ち（マインドセット）は、むしろ「慣性の法則」が作用し、決別すべき悪しき労働慣行や昭和の価値観が、家庭や組織のどこかしらに居座り続けているとも感じます。

だからこそ、**自らの意思と決意で自らを勇気づけ、ほんとうの「働き方改革」、つまり「わたしたちが幸せになるための改革」を実現すべく行動を始めよう、**というのが本書のメインテーマです。

とはいえ、それはなにも、決死の覚悟で崖から飛び降りるような、悲壮感の漂うものではありません。むしろその逆で、肩の力をフワッと抜いて、アドラーが提示する「幸せの3条件」を片手に、毎日の生活をほんの少しだけ、見直せばよいだけのことです。

本書では、「働き方改革」を「幸せになるための生き方」を実現するものとして捉え直してみよう、と提案しているのですが、この表現は少し誤解を生むかもしれません。というのも、こうした見直し作業をするなかで、**「わたしたちはすでに幸せである」ということにも気づくはずだからです。** わたしたちは「ほんとうに不幸」なのではなく、「不幸に思っているだけ」かもしれない、ということです。

もしかして、今ここにある幸せに注目すること、人として幸せを感じる喜びを求めることすら忘れてしまい、なんとなく無目的に、主体性を発揮することなく生き、仕事をし、さらには社会や組織や家族にあいまいな不満や不安をぶつけて、その解決を他者に依存しているだけだとしたら――。**「自分との対話に時間をとり、心を整えて主体性をもって自分の人生をデザインする」。** ひとりひとりのこのような行為が、日本人全体の「あり方」や「生き方」の変革を、静かに、しかしながら力強く、推し進めていくと信じています。

アドラー心理学 幸せの3条件

1 自己受容＝不完全な部分を含む、ありのままの自分でもOKと思える
2 他者信頼＝他者を不信の目で見ないで、無条件で信じることができる
3 他者貢献＝自己犠牲を感じずに、だれかの役に立っていることを喜べる

もし、あなたや周囲のだれかの「勇気がくじかれている」と感じたなら、この幸せの3条件のなにかが満たされていない、ということです。そして、その部分を共感と信頼によって満たす支援ができれば、あなたは「勇気づけ」の熟達者です。

本書には、実際にアドラー心理学を学び、職場や家庭で実践してみた先駆者たちのリアルな体験が、脚色されることなく「ご開陳」されています。
それぞれの方の事情は多様で、学びを実践する場面が職場だったり家庭だったり、かかわる相手も上司、部下、顧客、パートナー、子どもと、バラエティーに富んでいます。それでも、「自分自身がなにを考え、なにをすべきか」というコミュニケーションの「態度」と「技術」においては、場面や相手の違いを感じさせない明確な共通点があるということが、本書を読めばわかるでしょう。

家庭の悩みと仕事の悩みをいったりきたりしながら、同じ解決策を適用してみると、**「共感ファースト、相互尊敬、相互信頼、協調精神をもって、パートナーや子どもとのかかわりを見直せば、仕事にも生かせる」**ということに、多くの実践者が気づきました。逆に、仕事で実践したことを家庭で適用してみることで、一石二鳥の効果を感じた方も、たくさんいました。**心と時間に余裕がないと、ほんとうの働き方改革にならない**――こうした本質的な発見を、インタビューで話してくれた方もいました。

家庭でも職場でも、心理的安全性、居心地のよさが大切であること。心と時間、両方に余裕がもてるように、自分を整え、他者との関係を整えた先に、ほんとうの働き方改革があるという気づき。「子育てなど、家庭での時間をもつことは、人としての根源的な幸せを体感するうえで、とても役に立つ」と認識できた人が、その気づきを、自分の担当するサービスや商品の改善、新規開発などに生かせれば、仕事にプラスにならないわけがありません。仕事はすべからく、他者の課題解決に寄与し、幸せに貢献することなのです。

「幸せになるための働き方改革」とは、アドラーがいう「幸せの3条件」を意識しながら、職場と家庭両方で、より適切な対人関係を構築していくことです。日本人ひとりひとりが物心ともに豊かで幸せになり、次代を担う子どもたちが「こんな大人に早くなりたい」と思えるような職場と家庭を、ともに築いていこうではありませんか。

シリーズ第1弾の『アドラー式子育て　家族を笑顔にしたいパパのための本』、および第2弾の本書にて提示している「幸せの3条件」は、著者の師事する岩井俊憲氏が代表を務める有限会社ヒューマン・ギルドが開発した「ＳＭＩＬＥ（愛と勇気づけの親子関係セミナー）」が初出です。

また、シリーズを通して言及しているライフスタイル類型は、『マンガでやさしくわかるアドラー心理学2　実践編』（岩井俊憲著／日本能率協会マネジメントセンター）に依拠しています。

第2章の研修プログラム（家庭編）は、『より良い親子関係講座　アクティブ・ペアレンティングのすすめ』（マイケル・ポプキン著、手塚郁恵訳、野中利子監訳／星和書店）をベースに、著者が一部改変を加えながら構築したものです。

第2章の研修プログラム（仕事編）は、ヒューマン・ギルド開発の「ＥＬＭ勇気づけ勉強会　テキスト」をベースに、ＥＬＭリーダーである著者が一部改変を加えながら構築したものです。

イラスト
エイイチ

ライティング
（第2章、第3章、第4章）
加藤隆行

著者
熊野英一

編集
酒井 徹
（小学館クリエイティブ）

装幀　Malpu Design（清水良洋）
本文デザイン・DTP　Malpu Design（佐野佳子）

プロフィール

熊野英一

アドラー心理学にもとづく「親と上司の勇気づけ」のプロフェッショナル。株式会社子育て支援代表取締役。

1972年生まれ。早稲田大学政治経済学部経済学科卒業。メルセデス・ベンツ日本に勤務後、米インディアナ大学ケリー経営大学院に留学し、MBA取得。米製薬大手イーライリリー本社および日本法人を経て、保育サービスの株式会社コティに入社し、約60の保育施設立ち上げ・運営、ベビーシッター事業に従事する。2007年、株式会社子育て支援を創業。日本アドラー心理学会正会員。著書に『育自の教科書』『家族の教科書』(ともにアルテ)、『アドラー式子育て　家族を笑顔にしたいパパのための本』(小学館クリエイティブ)。

加藤隆行（かとちゃん）

心理カウンセラー、フリーライター。

1971年生まれ。幼少からのさまざまな病気経験より、自身のココロに向き合い続ける。宗教、哲学、スピリチュアル、心理学などに節操なく手を出し続け、44歳にして、20年間勤めたNTTを突然退社。現在は「自分自身と仲直りして優雅に生きる」をコンセプトに、独自のカウンセリング＆セミナーを全国で開催。大人の自己肯定感を育てるプロフェッショナル。

メールマガジン『ココロと友達』
https://www.reservestock.jp/subscribe/62235

エイイチ

イラストレーター。

1974年生まれ。1児の父。全国誌にて似顔絵、漫画の掲載多数。テレビ番組、CM、音楽PVなどのアニメーションも手がける。近年は『日経DUAL』(日経BP社)にて自身の子育て日記「健気(けなげ)なボクと毛無毛(けなげ)なパパ」を連載。その他、日本給食のキャラクターデザイン、『いっしょのちがうもの　しょくもつアレルギーをしるえほん』(絵本塾出版)のイラストを担当するなど、子育て・教育関連の仕事を多く手がけている。

パパだって、悩んでる!

子育てのこと。
夫婦関係のこと。

アドラー式働き方改革
仕事も家庭も充実させたいパパのための本

2018年10月17日　初版第1刷発行

著者　熊野英一
発行者　山川史郎
発行所　株式会社小学館クリエイティブ
〒101-0051 東京都千代田区神田神保町2-14 SP神保町ビル
電話 0120-70-3761（マーケティング部）

発売元　株式会社小学館
〒101-8001 東京都千代田区一ツ橋2-3-1
電話03-5281-3555（販売）

販売　佐々木俊典（小学館）
印刷・製本　中央精版印刷株式会社

ISBN 978-4-7780-3538-9